[三國]何　晏注　[宋]邢　昺疏

古本十三經注疏

論語註疏

上海古籍出版社

論語註疏解經卷第十六　何晏集解　邢昺疏

季氏第十六

【疏】正義曰此篇論天下無道政在大夫故孔子陳其正道揚其衰失稱損益以教人舉詩禮以訓子明君子之行正夫人之名以前篇首章記衛君靈公失禮此篇首章言魯臣季氏專恣故以次之也

季氏將伐顓臾冉有季路見於孔子曰季氏將有事於顓臾 孔曰顓臾伏羲之後風姓之國本魯之附庸當時臣屬魯季氏貪其土地欲滅而取之冉有與季路爲季氏臣來告孔子 孔子曰求無乃爾是過與 孔曰冉求爲季氏宰相其室爲之聚斂故孔子獨疑求教之 夫顓臾昔者先王以爲東蒙主 孔曰使主祭蒙山 且在邦域之中矣 孔曰魯七百里之封顓臾爲附庸在其域中 是社稷之臣也何以伐爲 孔曰已屬魯爲社稷之臣何用滅之爲 冉有曰夫子欲之吾二臣者皆不欲也 孔曰歸咎於季氏 孔子曰求周任有言曰陳力就列不能者止 馬曰周任古之良史言當陳其才力度己所任以就其位不能則當止 危而不持顛而不扶則將焉用彼相矣 包曰言輔相人者當能持危扶顛若不能何用相爲 且爾言過矣虎兕出於柙龜玉毀於櫝中是誰之過與 馬曰柙檻也櫝匱也失虎毀玉豈非典守之過邪 冉有曰今夫顓臾固而近於費 馬曰固謂城郭完堅兵甲利也費季氏邑 今不取後世必爲子孫憂 孔子曰求君子疾夫 孔曰疾如女之言 舍曰欲之而必爲之辭 孔曰舍其貪利之說而更作他辭是所疾也 丘也聞有國有家者不患寡而患不均 孔曰國諸侯家卿大夫不患土地人民之寡少患政理之不均

平

不患貧而患不安孔曰憂不能安民耳民安則國富蓋均無貧和無寡安無傾包曰政教均平則不貧矣上下和同不患寡矣小大安寧不傾危矣夫如是故遠人不服則修文德以來之既來之則安之今由與求也相夫子遠人不服而不能來也邦分崩離析而不能守也孔曰民有異心曰分欲去曰崩不可會聚曰離析而謀動干戈於邦內孔曰干楯也戈戟也吾恐季孫之憂不在顓臾而在蕭牆之內也鄭曰蕭之言肅也牆謂屏也君臣相見之禮至屏而加肅敬焉是以謂之蕭牆後季氏家臣陽虎果囚季桓子

疏季氏至內也○正義曰此章論魯卿季氏專恣征伐之事也季氏將伐顓臾者顓臾伏羲之後風姓之國本魯之附庸當時臣屬於魯而季氏貪其土地欲滅而取之也冉有季路見於孔子曰季氏將有事於顓臾者冉有季路為季氏臣來告孔子言季氏將有征伐之

事於顓臾也孔子曰求無乃爾是過與者無乃乃也爾女也雖二子同來告以冉求為季氏宰相其室為之聚斂故孔子獨疑求教之言將伐顓臾乃女是罪過與夫顓臾昔者先王以為東蒙主者言昔者先王始封顓臾為附庸之君使主祭蒙山蒙山在東故曰東蒙且在邦域之中矣者魯之封域方七百里顓臾為附庸在其域中也是社稷之臣也何以伐為者言顓臾已屬魯為社稷之臣何用伐滅之為冉有曰夫子欲之吾二臣者皆不欲也者夫子謂季氏也冉有歸其咎惡於季氏也故言季氏欲伐我二人皆不欲也孔子曰求周任有言曰陳力就列不能者止者周任古之良史也夫子見冉有歸咎於季氏故呼其名引周任之言以責之言為人臣者當陳其才力度己所任以就其列位不能則當自止退也危而不持顛而不扶則將焉用彼相矣者相謂輔相焉何也言輔相人者當持其主之傾危扶其主之顛躓若其不能何用彼相爲也爾言過矣者爾女也女為季氏輔相而歸咎於季氏是女之言罪過矣虎兕出於柙龜玉毀於櫝中是誰之過與者此又為輔相之人作譬也柙檻也櫝匱也虎兕皆猛獸故設檻以制之龜玉皆大寶故設匱以藏之若虎兕失出於檻龜玉損毀於匱中是誰之過與言是典守者之過也以喻主君有闕是輔相者之過也冉有曰今夫顓臾

固而近於費今不取後世必爲子孫憂者此冉有乃自言欲伐顓臾之意也固謂城郭完堅兵甲利也費季氏邑言今夫顓臾城郭甲兵堅固而又近於費邑若今不伐而取之後世必爲季氏子孫之憂也孔子曰求君子疾夫舍曰欲之而必爲之辭者孔子見冉有言將伐顓臾之意故又呼冉有名而責之如汝之言君子所憎疾夫以舍其貪利之說而更作他辭是所疾也丘也聞有國有家者不患寡而患不均者此下孔子又爲言其正治之法以示非臆說故云丘也聞國謂諸侯家謂卿大夫言爲諸侯卿大夫者不患土地人民之寡少但患政理之不均平也不患貧而患不安者言不憂國家貧但憂不能安民耳民安則國富也蓋均無貧和無寡安無傾者孔子既陳其所聞更爲言其理蓋言政教均平則不貧矣上下和同不患寡矣小大安寧不傾危矣如上所聞此應云均無寡安無貧而此乃云均無貧和無寡安無傾者欲見政教均平又須上下和睦然後國富民多而社稷不傾危也故衍其文耳夫如是故遠人不服則修文德以來之既來之則安之者言夫政教能均平和安如此故遠方之人有不服者則當修文德使遠人慕其德化而來遠人既來當以恩惠安存之今由與求也相夫子者謂冉有季路輔相季氏也遠人不服而不能來也者謂不修文德也邦分崩離析而不能守

也者民有異心曰分欲去曰崩不可會聚曰離析言國內之民又不能以恩惠安撫致有異心不可會聚莫能固守也而謀動干戈於邦內者謂將伐顓臾也吾恐季孫之憂不在顓臾而在蕭牆之內也蕭牆謂屏也蕭之言肅也君臣相見之禮至屏而加肅敬焉是以謂之蕭牆孔子聖人有先見之明見季氏家臣擅命必知將爲季氏之禍因冉有言顓臾後世必爲子孫憂故言吾恐季孫之憂不在顓臾而近在蕭牆之內後季氏家臣陽虎果囚季桓子○註孔曰至孔子○正義曰云顓臾伏羲之後風姓之國者僖二十一年左傳云任宿須句顓臾風姓也實司大皞與有濟之祀杜註云太皞伏羲四國伏羲之後故主其祀顓臾在泰山南武陽縣東北是也云本魯之附庸當時臣屬魯者王制云公侯田方百里伯七十里子男五十里不能五十里者不合於天子附於諸侯曰附庸鄭註云不合謂不朝會也小城曰附庸附庸者以國事附於大國未能以其名通也言此顓臾始封爲附庸之君以國事附於魯耳猶不爲魯臣故曰魯之附庸春秋之世強陵弱衆暴寡故當此季氏之時而顓臾已屬魯爲臣故曰當時臣屬魯也○註使主祭蒙山○正義曰禹貢徐州云蒙羽其藝地理志云泰山蒙陰縣蒙山在西南有祠顓臾國在蒙山下○註曰魯七百里之封顓臾爲附庸在其域中○正義

曰明堂位曰成王以周公爲有勳勞於天下是以封周公於
曲阜地方七百里革車千乘鄭註云曲阜魯地上公之封地
方五百里加魯以四等之附庸方百里者二十四并五五二
十五積四十九開方之得七百里言其顓臾爲附庸在此七
百里封域之中也○註周任古之良史○正義曰周大夫也
與史佚臧文仲並古人立言之賢者也○馬曰至過邪○正
義曰云柙檻也者說文云柙檻也檻櫳也一曰圈以藏虎兕
爾雅云兕似牛郭璞云一角青色重千斤說文云兕如野牛
青毛其皮堅厚可制鎧交州記曰兕出九德有一角角長三
尺餘形如馬鞭柄是也云櫝匱也者亦說文云也○註孔曰
干楯也戈戟也○正義曰干一名楯今謂之旁牌方言云楯
自關而東或謂之楯或謂之干關西謂之楯是干楯爲一也
施紛以持之孔註尚書費誓云施乃楯紛紛如綬而小繫於
楯以持之且以爲飾也干扞也並之以扞敵故書云比爾
干也戈者考工記云戈秘六尺有六寸其刃廣二寸內倍之
胡三之援四之鄭玄註云戈今句孑戟也或謂之雞鳴或謂
之擁頸內謂胡以內接秘者也長四寸胡六寸援八寸鄭司農云援直刃也胡其子

孔子曰天下有道則禮樂征伐自天子出天下無道則禮樂

征伐自諸侯出自諸侯出蓋十世希不失矣孔曰希少也周幽王爲犬戎所殺平王東遷周始微弱諸侯自作禮樂專行征伐始於隱公至昭公十世失政死於乾侯矣

自大夫出五世希不失矣孔曰季文子初得政至桓子五世爲家臣陽虎所囚

陪臣執國命三世希不失矣馬曰陪重也謂家臣陽虎爲季氏家臣至虎三世而出奔齊

天下有道則政不在大夫孔曰制之由君

天下有道則庶人不議孔曰無所非議

（疏）孔曰至不議○正義曰此一章論天下有道無道禮
樂征伐所出不同及言衰失之世數也孔子曰天下有道則
禮樂征伐自天子出者王者功成制禮治定作樂立司馬之
官掌九伐之法諸侯不得制作禮樂賜弓矢然後專征伐是
天下有道之時禮樂征伐自天子出也天下無道則禮樂征
伐自諸侯出者謂天子微弱諸侯上僭自作禮樂專行征伐
也自諸侯出蓋十世希不失矣者希少也言政在諸侯不過
十世必失其位不失者少也若魯昭公出奔齊是也自大夫
出五世希不失矣者言政在大夫不過五世必失其位不失

者少矣若魯大夫季桓子為陽虎所因是也陪臣執國命三世希不失矣者陪重也謂家臣也大夫已為臣故謂家臣為陪臣言陪臣擅權執國之政命不過三世必失其位不失者少矣若陽虎三世而出奔齊是也天下有道則政不在大夫者亦謂政命制之由君也天下有道則庶人不議者謂謗訕言天下有道則上酌民言以為政教所行皆是則庶人無有非毀謗議也○註孔曰至乾侯○正義曰云周幽王為犬戎所殺平王東遷者案周本紀云幽王三年嬖愛褒姒生伯服幽王欲廢太子太子母申侯女而為后幽王得褒姒愛之欲廢申后并去太子用褒姒為后以其子伯服為太子幽王之廢后去太子也申侯怒乃與繒西夷犬戎共攻幽王幽王舉烽火徵兵兵莫至遂殺幽王驪山下虜褒姒盡取周賂而去隱六年左傳稱周桓公言於王曰我周之東遷晉鄭焉依是本紀又云於是諸侯乃即申侯而共立故幽王太子宜臼是為平王也云周始微弱者地理志云幽王淫褒姒以滅宗周子平王東居洛邑於是王室之尊與諸侯無異其詩不能復雅故貶其詩謂之王國風是周始微弱也云諸侯自作禮樂者謂僭用天子之禮樂若魯昭公之比也案昭二十五年公羊傳云子家駒曰諸侯僭於天子大夫僭於諸侯久矣昭公曰吾何僭矣哉子家駒曰設兩觀乘大輅朱干玉戚以舞大夏八佾以舞大武是也云專征伐者謂不由王命專擅行其征伐春秋之時諸侯皆是也云始於隱公至昭公十世失政死於乾侯者隱公名息姑伯禽七世孫惠公弗皇子聲子所生平王四十九年即位是王室微弱政在諸侯始於隱公至卒弟桓公允立卒子莊公同立卒子閔公開立卒兄僖公申立卒子文公興立卒子宣公倭立卒子成公黑肱立卒子襄公午立卒子昭公裯立是為十一世也春秋昭公二十五年公孫于齊三十二年卒於乾侯是也○註孔曰至所囚○正義曰季文子初得政至桓子五世者謂文子武子悼子平子桓子為五世也云為家臣陽虎所囚者定五年左傳云九月乙亥陽虎囚季桓子及公父文伯是也○註陽虎至奔齊○正義曰魯伐陽虎陽虎出奔齊在定九年

孔子曰祿之去公室五世矣鄭曰言此之時魯定公之初魯自東門襄仲殺文公之子赤而立宣公於是政在大夫爵祿不從君出至定公為五世矣政逮於大夫四世矣孔曰文子武子悼子平子故夫三桓之子孫微矣孔曰三桓謂仲孫叔孫季孫三桓皆出桓公故曰三桓也仲孫氏改其氏稱孟氏至哀公皆衰

疏孔子至微矣○正義曰此章言魯公室微弱政在大夫也

子曰侍於君子有三愆孔曰愆過也言未及之而言
謂之躁鄭曰躁不安靜言及之而不言謂之隱孔曰隱匿不盡情實
未見顏色而言謂之瞽周曰未見君子顏色所趣嚮而便逆先意語者猶瞽也
疏孔子至之瞽○正義曰此章戒卑侍於尊審慎言語之法也侍於君子有三愆愆過也言侍於君子有三種
過失之事言未及之而言謂之躁者謂君子言事未及於己而輒先言是謂躁動不安也言及之而不言謂之隱者謂
君子言論及己己應言而不言是謂隱匿不盡情實也未見顏色而言謂之瞽者瞽者無目之人也言未見君子顏色所
趣嚮而便逆先意語者猶若無目人也孔子曰君子有三戒少之時血
氣未定戒之在色及其壯也血氣方剛戒之在
鬪及其老也血氣既衰戒之在得孔曰得貪得疏孔子
至在得○正義曰此章言君子之人自少及老有三種戒之事也少之時血氣未定戒之在色者少謂人年二十九以
下血氣猶弱筋骨未定貪色則自損故戒之及其壯也血氣方剛戒之在鬪者壯謂氣力方當剛強喜於爭鬪故戒之及
其老也血氣既衰戒之在得者老謂五十以上得謂貪得血氣既衰多好聚斂故戒之孔子曰君子
有三畏畏天命順吉逆凶天之命也畏大人大人即聖人與天地合其德畏
聖人之言深遠不可易知測聖人之言也小人不知天命而不畏
也恢疏故不知畏狎大人直而不肆故狎之侮聖人之言不可小知故侮
之疏孔子至之言○正義曰此章言君子小人敬畏不同之事也君子有三畏心服曰畏言君子心所畏服有三
種之事也畏天命者謂作善降之百祥作不善降之百殃順吉逆凶天之命也故君子畏之畏大人者大人即聖人與
天地合其德故君子畏之畏聖人之言者聖人之言深遠不可易知測故君子畏之小人不知天命而不畏也者小
人與君子相反[illegible]小人不知畏也狎大人者狎謂慣忽聖人直而不肆故狎之侮聖人之言者侮謂輕慢
聖人之言不可小知故侮之而不行也○注順吉逆凶天之命也○正義曰尚書大禹謨云惠迪吉從逆凶惟影

響。孔安國云：惠迪吉，從逆凶，吉凶之報，若影之隨形，響之應聲，言不虛。道即天命也。天命無不報，故可畏之。○注大人即聖人與天地合其德。○正義曰：易云利見大人也。乾卦文言云：夫大人者，與天地合其德。注云：謂覆載也。與日月合其明，謂照臨也。與四時合其序，若賞以春夏、刑以秋冬之類也。與鬼神合其吉凶，若福善禍淫也。故稱舉天地合其德者，舉一隅也。○注恢疏故不知畏。○正義曰：案老子德經云：天網恢恢，疏而不失。言天之網羅恢恢疏遠，刑淫賞善，不失毫分也。○注直而不肆故狎之。○正義曰：肆謂放肆。言大人質直而不放肆，故小人輕狎之也。

孔子曰：生而知之者上也，學而知之者次也，困而學之又其次也。孔曰：困謂有所不通。困而不學，民斯為下矣。

【疏】孔子至下矣。○正義曰：此章勸人學也。生而知之者上也者，謂聖人也。學而知之者次也者，言由學而知道，次於聖人，謂賢人也。困而學之又其次也者，人本不好學，因其行事有所困，禮不通，發憤而學之者，復次於賢人也。困而不學民斯為下矣者，謂知困而不能學，此為下愚之民也。○注孔曰困謂有所不通。○正義曰：言於事不能通達者也。左傳昭七年，公如楚，鄭伯勞于師之梁，孟僖子為介，不能相儀；及楚，不能荅郊勞。九月，公至自楚，孟僖子病不能相禮，乃講學之，是其困而學之者也。

孔子曰：君子有九思：視思明，聽思聰，色思溫，貌思恭，言思忠，事思敬，疑思問，忿思難，見得思義。

【疏】孔子至思義。○正義曰：此章言君子有九種之事，當用心思慮，使合禮義也。視思明者，目覩為視，見微為明，言君子視瞻思見微，若離婁也。聽思聰者，耳聞為聽，聽遠為聰，言君子耳聽當思聞遠，若師曠也。色思溫者，顏色不可嚴猛，當思溫和也。貌思恭者，體貌接物，不可驕亢，當思恭遜也。言思忠者，凡所言論，不可隱欺，當思盡其忠心也。事思敬者，凡人執事多惰窳，君子常思謹敬也。疑思問者，己有疑事，不使在躬，當思問以辨之也。忿思難者，謂人以非理於己，必忿怒，心雖忿怒，不可輕易，當思其後得無患難乎。若一朝之忿，忘其身以及其親，是不思難者也。見得思義者，言若有所得，當思義然後取，不可苟也。

孔子曰：見善如不及，見不善如探湯。吾見其人矣，吾聞其語矣。孔曰：探湯，喻去惡疾。隱居以求其志

行義以達其道吾聞其語矣未見其人也〔疏〕孔子至人也○正義曰此章言善人難得也見善如不及者言為善常汲汲也見不善如探湯者人之探試熱湯其去之必速以喻見惡事去之疾也吾見其人矣吾聞其語矣者言今人與古人皆有能若此者也隱居以求其志者謂隱遯幽居以求遂其已志也行義以達其道者謂好行義事以達其仁道也吾聞其語矣未見其人也者言但聞其語說古有此行之人也今則無有故未見其人也

齊景公有馬千駟死之日民無德而稱焉孔曰千駟四千匹伯夷叔齊餓于首陽之下馬曰首陽山在河東蒲坂縣華山之北河曲之中民到于今稱之其斯之謂與王曰此所謂以德為稱〔疏〕齊景公至謂與○正義曰此章貴德也齊景公有馬千駟死之日民無德而稱焉者景公齊君景謚也馬四匹為駟千駟四千匹也言齊君景公富有千駟及其死也無德可稱伯夷叔齊餓于首陽之下民到于今稱之其斯之謂與者夷齊孤竹君之二子讓位適周遇武王伐紂諫之不入及武王既誅紂義不食周粟故隱河東

太公扶而去之

郡蒲坂縣首陽山下采薇而食終餓死雖然餓死民到于今稱之以為古之賢人其此所謂以德為稱者與

陳亢問於伯魚曰子亦有異聞乎馬曰以為伯魚孔子之子所聞當有異對曰未也嘗獨立孔曰獨立謂孔子鯉趨而過庭曰學詩乎對曰未也不學詩無以言鯉退而學詩他日又獨立鯉趨而過庭曰學禮乎對曰未也不學禮無以立鯉退而學禮聞斯二者陳亢退而喜曰問一得三聞詩聞禮又聞君子之遠其子也〔疏〕陳亢至子也○正義曰此章勸人為詩禮也陳亢問於伯魚曰子亦有異聞乎者伯魚孔子之子鯉也弟子陳亢以為伯魚是孔子之子所聞當有異於餘人故問之對曰未也者答言未有異聞也嘗獨立鯉趨而過庭曰學詩乎對曰未也不學詩無以言鯉退而學詩者言昔伯魚對陳亢言我未有異聞有時夫子嘗獨立於堂鯉疾趨而過其中庭夫子

謂已曰學詩乎已即對曰未也夫子又言不學詩無以言古者會同皆賦詩見意若不學之何以為言也鯉於是退而遂學通於詩也他日又獨立鯉趨而過庭曰學禮乎對曰未也不學禮無以立鯉退而學禮者謂異日又見夫子獨立而伯魚趨過夫子訓之曰學禮乎答言未也子又言若不學禮無以立身以禮者恭儉莊敬人有禮則安無禮則危故不學之則無以立其身也鯉於是退而學通於禮也聞斯二者者言則無異聞但聞此詩禮二者也陳亢退而喜者喜聞伯魚退而喜悅也曰問一得三聞詩聞禮又聞君子之遠其子也者亢言始但問異聞是問一也今乃聞詩可以言禮可以立且鯉也過庭方始受訓則知不常嘗褻慢是又聞君子之疏遠其子也故為得三所以喜也

邦君之妻君稱之曰夫人夫人自稱曰小童邦人稱之曰君夫人稱諸異邦曰寡小君異邦人稱之亦曰君夫人

孔曰小君君夫人之稱對異邦謙故曰寡小君當此之時諸侯嫡妾不正稱號不審故孔子正言其禮也

【疏】邦君至夫人○正義曰此章正夫人之名稱也邦君之妻者諸侯之夫人也妻者齊也言與夫齊體上下之通稱故曰邦君之妻也君稱之曰夫人者夫之言扶也能扶成人君之德也邦君自稱其妻則曰夫人也夫人自稱曰小童者自稱謙言己小弱之童稚也邦人稱之曰君夫人者謂國中之臣民言則繫君而稱之言是君之夫人故曰君夫人也稱諸異邦曰寡小君者諸於也謂己國臣民於己君之夫人於他國之人則曰寡小君對異邦謙也以當異邦稱君曰寡君謙言寡德之君夫人對君為小故曰寡小君也異邦人稱之亦曰君夫人者謂稱他國君妻亦曰君夫人也以當此之時諸侯嫡妾不正稱號不審故孔子正言其禮也

論語注疏解經卷第十六

論語註疏解經卷第十七

陽貨第十七　何晏集解　邢昺疏

【疏】正義曰：此篇論陪臣專恣，因明性習知愚、禮樂本末、六蔽之惡、二南之美、君子小人爲行各異、今之與古其疾不同。以前篇首章言大夫之惡，此篇首章記家臣之亂，尊卑之差，故以相次也。

陽貨欲見孔子，孔子不見。孔曰：陽貨，陽虎也。季氏家臣而專魯國之政，欲見孔子使仕。

歸孔子豚。孔曰：欲使往謝，故遺孔子豚。

孔子時其亡也而往拜之，遇諸塗。孔曰：塗，道也。於道路與相逢。

謂孔子曰：來，予與爾言。曰：懷其寶而迷其邦，可謂仁乎？曰：不可。孔曰：言孔子不仕，是懷寶也。知國不治而不爲政，是迷邦也。

好從事而亟失時，可謂知乎？曰：不可。孔曰：言孔子栖栖好從事，而數不遇，失時，不得爲有知。

日月逝矣，歲不我與。馬曰：年老歲月已往，當急仕。

孔子曰：諾，吾將仕矣。孔曰：以順辭免。

【疏】「陽貨」至「仕矣」。○正義曰：此章論家臣專恣，孔子遜辭遠害之事也。陽貨欲見孔子者，陽貨，陽虎也，蓋名虎字貨，爲季氏家臣而專魯國之政，欲見孔子，將使之仕也。孔子不見者，疾其家臣專政，故不與相見。歸孔子豚者，歸，遺也；豚，豕之小者。陽貨欲使孔子往謝，因得從容見之，故遺孔子豚也。孔子時其亡也而往拜之者，謂伺虎不在家時而往謝之也。遇諸塗者，塗，道也。孔子既至貨家而反，於道路與相逢也。謂孔子曰來予與爾言者，貨呼孔子使來，欲與之言，我與汝有所言也。曰懷其寶而迷其邦可謂仁乎者，此陽貨謂孔子之言也。寶以喻道德，言孔子不仕，是懷藏其道德也；知國不治而不爲政，是使迷亂其國也。仁者當拯弱興衰，使功被當世，今汝乃懷寶迷邦，可以謂之仁乎？曰不可者，此孔子遜辭，言如此者不可謂之仁也。好從事而亟失時可謂知乎者，此亦陽貨謂孔子之辭也。亟，數也。言孔子栖栖好從事，而數不遇，失時，可謂有知者乎？不得爲有知也。曰不可者，此亦孔子遜辭，言如此者不可謂之知也。日月逝矣歲不我與者，此陽貨勸孔子求仕之辭也。逝，往也。言孔子年老，歲月已往，不復留待我也，當急求仕。孔子曰諾吾將仕矣者，諾，應辭也。孔子

知其勸仕故應荅之言我將求仕以順辭免去也

子曰性相近也習相遠也孔曰君子慎所習

子曰唯上知與下愚不移孔曰上知不可使爲惡下愚不可使強賢

【疏】子曰性相近也習相遠也子曰唯上知與下愚不移○正義曰此章言君子當慎其所習也性謂人所稟受以生而靜者也夫爲外物所感則人皆相似是近也既爲外物所感則習以性成若習於善則爲君子若習於惡則爲小人是相遠也故君子慎所習然此乃是中人耳其性可上可下故遇善則升逢惡則墜也孔子又嘗曰唯上知之人不可移之使爲惡下愚之人不可移之使強賢此則非如中人性習相近遠也

子之武城聞弦歌之聲孔曰子游爲武城宰夫子莞爾而笑莞爾小笑貌曰割雞焉用牛刀孔曰言治小何須用大道子游對曰昔者偃也聞諸夫子曰君子學道則愛人小人學道則易使也孔曰道謂禮樂也樂以和人人和則易使子曰二三子孔曰從行者偃之言是也前言戲之耳孔曰戲以治小而用大道

【疏】子之至之耳○正義曰此章論治民之道也子之武城聞弦歌之聲者之適也武城魯邑名時子游爲武城宰意欲以禮樂化導於民故弦歌孔子因適武城而聞其聲也夫子莞爾而笑曰割雞焉用牛刀者莞爾小笑皃言雞乃小牲割之當用小刀何用解牛之大刀以喻治小何須用大道今子游治小用大故笑之子游對曰昔者偃也聞諸夫子曰君子學道則愛人小人學道則易使也者子游見孔子笑其治小用大故稱名而引昔聞夫子之言以對之道謂禮樂也禮節人心樂和人聲言若在位君子學禮樂則愛養下人也若在下小人學禮樂則人和而易使也子曰二三子者呼其弟子從行者也偃之言是也前言戲之耳者孔子語其從者言子游之說是我前言戲之以治小而用大道其實用大是也

公山弗擾以費畔召子欲往孔曰弗擾爲季氏宰與陽虎共執季桓子而召孔子子路不說曰末之也已何必公山氏之之也孔曰之適也無可之則止何必公山氏之適子曰夫召我者而豈徒哉如有用我者吾

其爲東周乎興周道於東方故曰東周【疏】公山至周乎○正義曰此章論孔子欲不避亂
而興周道也公山弗擾以費畔召孔子欲往者弗擾即左傳公
山不狃也字子洩爲季氏費邑宰與陽虎共執季桓子據邑
以畔來召孔子孔子欲往從之也子路不說曰末之也已何
必公山氏之之也者上下二之俱訓爲適末無也已止也子
路以爲君子當去亂就治今孔子乃欲就亂故不喜說且曰
無可適也則止之何必公山氏之適也子曰夫召我者而豈
徒哉如有用我者吾其爲東周乎者孔子言其欲往之意也
徒空也言夫人召我者豈空然哉必將用我道也如有用我
道者我則興周道於東方其使魯爲周乎吾是以不擇地而
欲往也○注弗擾爲季氏宰與陽虎共執季桓子○正義曰
案定五年左傳曰六月季平子行東野還未至丙申卒于房
陽虎將以璵璠斂仲梁懷弗與曰改步改玉陽虎欲逐之告
公山不狃不狃曰彼爲君也子何怨焉既葬桓子行東野及
費子洩爲費宰逆勞於郊桓子敬之勞仲梁懷仲梁懷弗敬
子洩怒謂陽虎子行之乎九月乙亥陽虎囚季桓子是其事
也至八年又與陽虎謀殺桓子陽虎敗而出至十二年季氏
將墮費公山不狃叔孫輙率費人以襲魯國人敗諸姑蔑二子奔齊子張問仁於孔子孔

子曰能行五者於天下爲仁矣請問之曰恭寬
信敏惠恭則不侮孔曰不見侮慢寬則得衆信則人任
焉敏則有功孔曰應事疾則多成功惠則足以使人【疏】子張至使
人○正義曰此章明仁也子張問仁於孔子者問何如斯可
謂之仁也孔子曰能行五者於天下爲仁矣者言爲仁之道
有五也請問之者子張復請問五者之目也曰恭寬信敏惠
者此孔子略言爲仁五者之名也恭則不侮者此下孔子又
歷說五者之事也言己若恭以接人人亦恭以待己故不見
侮慢寬則得衆者言行能寬簡則爲衆所歸也信則人任焉
者言而有信則人所委任也敏則有功者敏疾也應事敏
疾則多成功也惠則足以使人者有恩惠則人忘其勞也
佛肸召子欲往孔曰晉大夫趙簡子之邑宰子路曰昔者由也聞
諸夫子曰親於其身爲不善者君子不入也孔曰不入
其國佛肸以中牟畔子之往也如之何子曰然有

是言也不曰堅乎磨而不磷不曰白乎涅而不
緇 孔曰磷薄也涅可以染皁言至堅者磨之而不薄至白者染之於涅而不黑喻君子雖在濁亂濁亂不能污
吾豈匏瓜也哉焉能繫而不食 匏瓠也言匏瓜得繫一處者不食故也吾自食物當東西南北不得如不食之物繫滯一處
【疏】佛肸至不食○正義曰此章亦言孔子欲不擇地而
治也佛肸召子欲往者佛肸爲晉大夫趙簡子之中牟邑宰
以中牟畔來召孔子孔子欲往從之也子路曰昔者由也聞
諸夫子曰親於其身爲不善者君子不入也者言君子不入
不善之國也佛肸以中牟畔子之往也如之何者言今佛肸
以中牟畔則是身爲不善而子欲往如前言何子曰然有是
言也者孔子荅云雖有此不入不善之言也不曰堅乎磨而
不磷不曰白乎涅而不緇者孔子之意雖言不入不善縱君
子見幾而作亦有可入之理故謂之作譬磷薄也涅水中黑
土可以染皁緇黑色也又豈不曰至堅者磨之而不薄至白
者染之於涅而不黑以喻君子雖居濁亂濁亂不能污也吾
豈匏瓜也哉焉能繫而不食者孔子又爲言其欲往之意也
匏瓠也瓠瓜得繫一處者不食故也吾自食物當東西南北

不得如不食之物繫滯一處案江熙云夫子豈實之公山弗肸
乎欲往之意以示無係以觀門人之意如欲居九夷乘桴浮
于海耳子路見形而不及道故聞乘桴而喜聞
之公山而不說升堂而未入室安得聖人之趣 子曰由也
女聞六言六蔽矣乎 六言六蔽者謂下六事仁知信直勇剛也 對曰未也
居吾語女 孔曰子路起對故使還坐 好仁不好學其蔽也愚 孔曰
仁者愛物不知所以裁之則愚 好知不好學其蔽也蕩 孔曰蕩無所適守 好
信不好學其蔽也賊 孔曰父子不知相爲隱之輩 好直不好
學其蔽也絞好勇不好學其蔽也亂好剛不好
學其蔽也狂 孔曰狂妄抵觸人 【疏】子曰至也狂○正義曰此章勸學也子曰由也女聞六言
六蔽矣乎者蔽謂蔽塞不自見其過也孔子呼子路而問之
曰汝嘗聞六言不學而皆蔽塞者乎對曰未也者子路對言
未曾聞也居吾語女者居由坐也禮君子問更端則起子路
起對故使還坐吾將語女也好仁不好學其蔽也愚者此下

蔽說六言六蔽之事也學者覺也所以覺寤未知也仁之爲
行學則不固是以愛物好與曰仁若但好仁不知所以裁之
所施不當則如愚人也好知不好學其蔽也蕩者明照於事
曰知若不學以裁之則其蔽在於蕩逸無所適守也好信不
好學其蔽也賊者人言不欺爲信則當信義若但好信而不
學以裁之其蔽在於賊害父子不知相爲隱之輩也好直不
好學其蔽也絞者絞切也正人之曲曰直若好直不好學則
失於譏刺太切好勇不好學其蔽也亂者勇謂果敢當學以
知義若好勇而不好學則是有勇而無義則爲賊亂好剛不
好學其蔽也狂者狂妄也剛者無欲不爲曲求若好恃其
剛不學以制之則其失也妄抵觸人

子曰小子何莫學夫詩包曰小子門人也詩可以興孔曰興引譬連類可以觀鄭曰觀風俗之盛衰可以羣孔曰羣居相切磋可以怨孔曰怨刺上政邇之事父遠之事君孔曰邇近也多識於鳥獸草木之名子謂伯魚曰女爲周南召南矣乎人而不爲周南召南其猶正牆面而立也與馬曰周南召南國風之始樂得淑女以配君子三綱之首王教之端故人而不爲如向牆而立

子曰至也與○正義曰此章勸人學詩也子曰小子何莫學夫詩者小子門人也莫不也孔子呼門人曰何不學夫詩也詩可以興者又爲說其學詩有益之理也若能學詩詩可以令人能引譬連類以爲比興也可以觀者詩有諸國之風俗盛衰可以觀覽知之也可以羣者詩有如切如磋可以羣居相切磋也可以怨者詩有君政不善則風刺之言之者無罪聞之者足以戒故可以怨刺上政邇之事父遠之事君者邇近也詩有凱風白華相戒以養是有近之事父之道也又有雅頌君臣之法是有遠之事君之道也言事父與君皆有其道也多識於鳥獸草木之名者言詩人多記鳥獸草木之名以爲比興則因又多識於此鳥獸草木之名也子謂伯魚曰女爲周南召南矣乎者爲猶學也孔子謂其子伯魚曰女學周南召南之詩矣乎人而不爲周南召南其猶正牆面而立也與者又爲說宜學周南召南之意也牆面面向牆也言周南召南國風之始三綱之首王教之端故人之學之則可以興人而不爲則如向牆而立無所觀見也○注周南至而立正義曰云周南召南國風之始者詩序云然則關雎麟趾之化王者之風故繫之周公南言化自北而南也鵲巢騶

麗之德諸侯之風也先王之所以教故繫之召公周南召南正始之道王化之基是以周南召南二十五篇謂之正國風爲十五國風之始也云樂得淑女以配君子者亦詩關雎序文也言二南皆是正始之道先美家內之化是以關雎之篇說后妃心之所樂樂得此賢善之女以配己之君子也云三綱之首王化之端者白虎通云三綱者何謂謂君臣父子夫婦也君爲臣綱父爲子綱夫爲妻綱有夫婦然後有父子有父子然後有君臣二南之詩首論夫婦文王刑于寡妻至于兄弟以御于家邦是故二國之詩以后妃夫人之德爲首終以麟趾騶虞言后妃夫人有斯德興助其君子皆可以成功至于致嘉瑞故爲三綱之首王教之端也

子曰禮云禮云玉帛云乎哉 鄭曰玉圭璋之屬帛束帛之屬言禮非但崇此玉帛而已所貴者乃貴其安上治民 **樂云樂云鍾鼓云乎哉** 馬曰樂之所貴者移風易俗非謂鍾鼓而已

〔疏〕子曰至乎哉○正義曰此章辨禮樂之本也子曰禮云禮云玉帛云乎哉者玉圭璋之屬皆行禮之物也言禮之所云豈在此玉帛云乎者哉言非但崇此玉帛不已所貴者在於安上治民樂云樂云鍾鼓云乎哉者鍾鼓樂之器也樂之所貴者貴其移風易俗非謂貴此鍾鼓鏗鏘而已故孔子歎之重言之者深明樂之本不在玉帛鍾鼓也

子曰色厲而內荏 孔曰荏柔也爲外自矜厲而內柔佞 **譬諸小人其猶穿窬之盜也與** 孔曰爲人如此猶小人之有盜心穿穿壁窬窬牆

〔疏〕子曰色厲而內荏譬諸小人其猶穿窬之盜也與○正義曰此章疾時人體與情反也厲矜莊也荏柔佞也穿穿壁窬窬牆也言外自矜厲而內柔佞爲人如此譬之猶小人外雖持正內常有穿壁窬牆竊盜之心也與

子曰鄉原德之賊也 周曰所至之鄉輒原其人情而爲意以待之是賊亂德也一曰鄉向也古字同謂人不能剛毅而見人輒原其趣嚮容媚而合之言此所以賊德

〔疏〕子曰鄉原德之賊也○正義曰此章疾時人之詭隨也舊解有二周曰所至之鄉輒原其人情而爲意以待之是賊亂德也何晏云一曰鄉向也古字同謂人不能剛毅而見人輒原其趣嚮容媚而合之言此所以賊德也

子曰道聽而塗說德之棄也 馬曰聞之於道路則傳而說之

〔疏〕子曰道聽而塗說德之棄也○正義曰此章疾時人不習而傳之也塗亦道也言聞之於道路則於道路傳而說之必多謬妄爲有

德者所棄也

子曰鄙夫可與事君也與哉孔曰言不可與事君其未得之也患得之患得之者患不能得之楚俗言既得之患失之苟患失之無所不至矣鄭曰無所不至者言其邪媚無所不為

疏子曰鄙夫至至矣○正義曰此章論鄙夫之行也子曰鄙夫可與事君也與哉者言凡鄙之人不可與之事君也其未得之也患得之者此下明鄙夫不可與事君之由也患得之者患不能得之也言其初未得事君也時常患己不能得事君也既得之患失之者言不能任直守道常憂患失其祿位也苟患失之無所不至矣者苟誠也若誠憂失之則用心固惜竊位偷安言其邪媚無所不為也以此故不可與事君也

子曰古者民有三疾今也或是之亡也包曰言古者民疾與今時異古之狂也肆包曰肆極意敢言今之狂也蕩孔曰蕩無所據古之矜也廉馬曰有廉隅今之矜也忿戾孔曰惡理多怒古之愚也直今之愚也詐而已矣

疏子曰至已矣○正義曰此章論今人澆薄不如古人也子曰古者民有三疾今也或是之亡也者亡無也言古者淳朴之時民之行有三疾今也澆薄或是亦無也言古者民疾與今時異古之狂也肆者此下歷言三疾也肆謂極意敢言多抵觸人也今之狂也蕩者謂忿怒而多咈戾惡理多怒古之愚也直者謂心直而無邪曲今之愚也詐而已矣者謂多行欺詐自利也

子曰巧言令色鮮矣仁王曰巧言無實令色無質

疏子曰巧言令色鮮矣仁○正義曰此章與學而篇同弟子各記所聞故重出之

子曰惡紫之奪朱也孔曰朱正色紫間色之好者惡其邪好而奪正色惡鄭聲之亂雅樂也包曰鄭聲淫聲之哀者惡其亂雅樂惡利口之覆邦家者孔曰利口之人多言少實苟能悅媚時君傾覆國家

疏子曰至家者○正義曰此章記孔子惡邪奪正也惡紫之奪朱也者朱正色紫間色之好者惡其邪好而奪正色也惡鄭聲之亂雅樂也者鄭聲淫聲之哀者惡其淫聲亂正樂也惡利口之覆邦家者利口之人多言少實苟能悅媚時君傾覆國家也○注孔曰至正色○正義曰云朱正色紫間色者皇氏云謂青赤黃白黑五

方正色不正謂五方閒色綠紅碧紫騮黃色是也　青是東方
正綠是東方閒爲木木色青木刻土土色黃並以所刻爲
閒故綠色青黃也朱是南方正紅是南方閒南爲火火色赤
火刻金金色白故紅色赤白也白是西方正碧是西方閒西
爲金金色白金刻木故碧色青白也黑是北方正紫是北方
閒北方水水色黑水刻火火色赤故紫色赤黑也黃是中央
正騮黃是中央閒中央爲土土色黃
土刻水水色黑故騮黃色黃黑也　子曰予欲無言子貢
曰子如不言則小子何述焉言之爲益少故欲無言　子曰天
何言哉四時行焉百物生焉天何言哉疏子曰至言
哉○正義曰此章戒人慎言也子曰予欲無言者君子訥於
言而敏於行以言之爲益少故欲無言子貢曰子如不言則
小子何述焉者小子弟子也子貢聞孔子不欲言故告曰夫
子若不言則弟子等何所傳述子曰天何言哉四時行焉百
物生焉天何言哉者此孔子舉天亦不言而令行以爲譬也
天何嘗有言語哉而四時之令遞行焉百物皆依時而生焉
天何嘗有言語教命哉以喻人
若無言但有其行不亦可乎　孺悲欲見孔子孔子

辭以疾將命者出戶取瑟而歌使之聞之孺悲魯人
也孔子不欲見故辭之以疾爲其將命者
不已故歌令將命者悟所以令孺悲思之疏孺悲至聞之○正義曰此
章蓋言孔子疾惡也孺悲欲見孔子孔子辭以疾者孺悲魯
人也來欲見孔子孔子不欲見故辭之以疾也將命者出戶
取瑟而歌使之聞之者將猶奉也奉命者主人傳辭出入人
也初將命者來入戶言孺悲求見夫子辭之以疾又爲將命
者不已故取瑟而歌令將命者聞之而悟
已無疾但不欲見之所以令孺悲思之　宰我問三年
之喪期已久矣君子三年不爲禮禮必壞三年
不爲樂樂必崩舊穀既沒新穀既升鑽燧改火
期可已矣馬曰周書月令有更火之文春取榆柳之火夏取棗杏之火季夏取桑柘之火秋取柞楢之火
冬取槐檀之火一年之中鑽火各異木故曰改火也　子曰食夫稻衣夫錦於女
安乎曰安女安則爲之夫君子之居喪食旨不

甘聞樂不樂居處不安故不爲也今女安則爲之孔曰旨美也責其無仁恩於親故再言女安則爲之宰我出子曰予之不仁也予生三年然後免於父母之懷馬曰子生於三歲爲父母所懷抱夫三年之喪天下之通喪也孔曰自天子達於庶人予也有三年之愛於其父母乎孔曰言子之於父母欲報之恩昊天罔極而予也有三年之愛乎

疏宰我至母乎○正義曰此章論三年喪禮也宰我問三年之喪期已久矣者禮喪服爲至親者三年宰我嫌其期月大遠故問於夫子曰三年之喪期已久矣乎君子三年不爲禮禮必壞三年不爲樂樂必崩者此宰我又說喪不可三年之義也言禮檢人迹樂和人心君子不可斯須去身倘在喪則皆不爲也不爲既久故禮壞而樂崩也舊穀既沒新穀既升鑽燧改火期可已矣者宰我又言三年之喪一期爲足之意也夫人之變遷本依天道一期之間則舊穀已沒新穀已成鑽木出火謂之鑽燧言鑽燧者又已改變出火之木天道萬物既已改新則人情亦宜從舊故喪禮但一期而除亦可已矣子曰食夫稻衣夫錦於女安乎者孔子見宰我言至親之喪欲以期斷故問之言禮爲父母之喪既殯食粥居倚廬斬衰三年期而小祥食菜果居堊室練冠縓緣要絰不除今女既期之後食稻衣錦於女之心得安否乎曰安者宰我言既期而除喪即食稻衣錦其心安也女安則爲之者孔子言女心安則自爲之夫君子之居喪食旨不甘聞樂不樂居處不安故不爲也今女安則爲之者孔子又爲說不可安之禮旨美也言君子之居喪也疾則飲酒食肉雖食美味不以爲甘雖聞樂聲不以爲樂寢苫枕塊居處不求安也故不爲食稻衣錦之事今女既心安則任自爲之責其無仁恩於親故再言女安則爲之宰我出子曰予之不仁也予生三年然後免於父母之懷者予宰我名宰我方當還就坐孔子對二三子言曰夫宰予不仁於父母也凡人子生未三歲常爲父母所懷抱三年然後免離父母之懷是以聖人制喪禮爲父母三年夫三年之喪天下之通喪也者謂上自天子下達庶人皆爲父母三年故曰通喪也予也有三年之愛於其父母乎者爲父母愛已故喪三年今予也不欲行二年之服是有三年之恩愛於父母乎○註馬曰至火也○正義曰云周書月令有更火之文者周書孔子所刪尚書百篇之餘也晉

之一歲中得之汲冢有月令篇其辭令亡案周禮司爟掌行火之政令四時變國火以救時疾鄭玄注云行猶用也變猶易也鄭司農說以鄹子曰春取榆柳之火夏取棗杏之火季夏取桑柘之火秋取柞楢之火冬取槐檀之火其文與此正同學者云榆柳青故春用之棗杏赤故夏用之桑柘黃故季夏用之柞楢白故秋用之槐檀黑故冬用之○註孔曰自天子達於庶人○正義曰禮記三年問云夫三年之喪天下之通喪也鄭玄云達謂自天子至於庶人喪服四制曰此喪之所以三年賢者不得過不肖者不得不及檀弓曰先王制禮也過之者俯而就之不至者跂而及之也聖人雖以三年爲文其實二十五月而畢若駟之過隙然而遂之則是無窮也故先王爲之立中制節壹使足以成文理則釋之矣喪服四制曰始死三日不怠三月不解期悲哀三年憂恩之殺也故孔子云子生三年然後免於父母之懷夫三年之喪天下之達喪也所以喪必三年爲制也○註孔曰至愛乎○正義曰云欲報之德昊天罔極者小雅蓼莪文鄭箋云之猶是也我欲報父母是德昊天乎我心無極云予也有三年之愛乎者言宰予不欲服喪三年是無三年之愛也繆協云爾時禮壞樂崩三年不行宰我大懼其往以爲聖人無微旨以戒將來故假時人之謂啓憤於夫子義在屈已以明道也

子曰飽食終日無所用心難矣哉不有博奕者乎爲之猶賢乎已馬曰爲其無所據樂善生淫欲疏子曰至乎已○正義曰此章疾人之不學也子曰飽食終日無所用心難矣哉者言人飽食終日於善道無所用心則難以爲處矣哉不有博奕者乎爲之猶賢乎已者賢勝也已止也博說文作簙局戲也六箸十二棊也古者烏曹作簙圍棊謂之奕說文弈從廾言竦兩手而執之棊者所執之子以子圍而相殺故謂之圍棊稱弈者又取其落弈之義也夫子爲其飽食之無所據樂善生淫欲故教之曰不有博弈之戲者乎若其爲之猶勝乎止也欲令據此爲樂則不生淫欲也

子路曰君子尚勇乎子曰君子義以爲上君子有勇而無義爲亂小人有勇而無義爲盜疏子路至爲盜○正義曰此章抑子路也子路曰君子尚勇乎者子路有勇意謂勇可崇尚故問於夫子曰君子當尚勇乎子曰君子義以爲上者言君子不尚勇而上義也上即尚也君子有勇而無義爲亂小人有勇而無義爲盜者君子指在位者合宜爲義言在位之人有勇而

無義則爲亂逆在下小人有勇而無義必爲盜賊子貢曰君子亦有惡乎子
曰有惡惡稱人之惡者包曰好稱說人之惡所以爲惡惡居下流
而訕上者孔曰訕謗毀惡勇而無禮者惡果敢而窒者
馬曰窒窒塞也曰賜也亦有惡乎惡徼以爲知者孔曰徼抄也抄人之
意以爲己有惡不孫以爲勇者惡訐以爲直者包曰訐謂攻發人之
陰私疏子貢至直者○正義曰此章論人有惡行可憎惡也子貢曰君子亦有惡乎者君子謂夫子也子貢問夫
子之意亦有憎惡者乎子曰有惡者荅言有所憎惡也惡稱人之惡者謂好稱說人之惡所以惡之惡居下流而訕上者
訕謗毀也謂人居下位而謗毀在上所以惡之也惡勇而無禮者勇而無禮義爲亂所以惡之也惡果敢而窒者窒謂窒
塞謂好爲果敢窒塞人之善道所以惡之也曰賜也亦有惡乎者子貢言賜也亦有所憎惡也惡徼以爲知者徼抄也禮
毋抄說若抄人之意以爲己有所以惡之也惡不孫以爲勇者孫順也君子義以爲勇若以不順爲勇者亦可惡也惡訐以
爲直者訐謂攻發人之陰私也人之爲直當自直己若攻發他人陰私之事以成己之直者亦可惡也子曰
唯女子與小人爲難養也近之則不孫遠之則
怨疏子曰唯女子與小人爲難養也近之則不孫遠之則怨○正義曰此章言女子與小人皆無正性難畜養
所以難養者以其親近之則多不孫順疏遠之則好生怨恨此言女子舉其大率耳若其稟性賢明若文母之類則非所
論也子曰年四十而見惡焉其終也已鄭曰年在不惑而爲人所
惡終無善行疏子曰年四十而見惡焉其終也已○正義曰此章言人年四十猶爲惡行而見憎惡於人者則
見其終無善行也已以其年在不惑而猶爲人所惡必不能追改故也

論語註疏解經卷第十七

而事人，焉往而不三黜？枉道而事人，何必去父母之邦？

齊景公待孔子曰：若季氏則吾不能，以季孟之間待之。曰：吾老矣，不能用也。孔子行。

齊人歸女樂，季桓子受之，三日不朝，孔子行。

於塗塗不拾遺四方之客至乎邑者不求有司皆予之以歸齊人聞之而懼曰孔子為政必霸霸則吾地近焉我之為先并矣盍致地犁鉏曰請先嘗沮之沮之而不可則致地庸遲乎於是選齊國中女子好者八十人皆衣文衣而舞康樂文馬三十駟遺魯君陳女樂文馬於魯城南高門外季桓子微服往觀再三將受乃語魯君為周道游往觀終日怠於政事子路曰夫子可以行矣孔子曰魯今且郊如致膰乎大夫則吾猶可以正桓子卒受齊女樂三日不聽政郊又不致膰俎於大夫孔子遂行宿乎屯而師己送曰夫子則非罪孔子曰吾歌可夫歌曰彼婦之口可以出走彼婦之謁可以死敗蓋優哉游哉維以卒歲師己反桓子曰孔子亦何言師己以實告桓子喟然歎曰夫子罪我以羣婢故也孔子遂適衛矣

楚狂接輿歌而過孔子孔曰接輿楚人佯狂而來歌欲以感切孔子曰

鳳兮鳳兮何德之衰孔曰比孔子於鳳鳥鳳鳥待聖君乃見非孔子周行求合故曰衰往者不可諫孔曰已往所行不可復諫止來者猶可追孔曰自今已來可追自止辟亂隱居已而已而今之從政者殆而孔曰已而已而者言世亂已甚不可復治也再言之者傷之深也

孔子下欲與之言趨而辟之不得與之言包曰下下車

【疏】楚狂至之言。正義曰此章記接輿佯狂感切孔子也楚狂接輿歌而過孔子者接輿楚人姓陸名通字接輿也昭王時政令無常乃被髮佯狂不仕時人謂之楚狂也時孔子適楚與接輿相遇而接輿行歌從孔子邊過欲感切孔子也曰鳳兮鳳兮何德之衰往者不可諫來者猶可追已而已而今之從政者殆而者此其歌辭也知孔子有聖德故比孔子於鳳但鳳鳥待聖君乃見今孔子周行求合諸國而每不合是鳳德之衰也諫止也言已往所行者不可復諫止也自今已來猶可追而自止欲勸孔子辟亂隱居也已而已而者言世亂已甚不可復治也再言之者傷之深也言今之從政者皆無德自將危亡無日故曰殆而而語辭也孔子下欲與之言者下謂下車孔子感其言故下車欲與語趨而辟之不得與之言者趨謂疾行也疾行以辟孔子故孔子不得與之言也

長沮桀溺耦而耕孔子過之使子路問津焉鄭曰長沮桀溺隱者也耜廣五寸二耜為耦津濟渡處長沮曰夫執輿者為誰子

[illegible]

子路從而後遇丈人以杖荷蓧子路問曰子見夫子乎丈人

[illegible]

曰四體不勤五穀不分孰為夫子

植其杖而芸子路拱而立

[illegible]

止子路宿殺雞為黍而食之見其二子焉

[illegible]

明日子路行以告子曰隱者也使子路反見之

至則行矣子路曰不仕無義長幼之節不可廢也

[illegible]

君臣之義如之何其廢之欲潔其身

而亂大倫君子之仕也行其義也道之

不行已知之矣

疏 [illegible]

直出務其身不仕濁世應於純絜遭世亂自廢棄以免患合於權也我則異於是無可無不可者孔子言我之所行則與
此逸民異亦不必進亦不必退唯義所在故曰無可無不可也不論朱張之行者王弼云朱張字子弓荀卿以比孔子言
其行與孔子同故不論也大師摯適齊亞飯干適楚孔曰亞次也次飯樂
師也摯干皆名三飯繚適蔡四飯缺適秦包曰三飯四飯樂章名各異師繚缺
皆名也鼓方叔入於河包曰鼓擊鼓者方叔名入謂居其河內播鼗武入
於漢孔曰播搖也武名也少師陽擊磬襄入於海孔曰魯哀公時
禮壞樂崩樂人皆去陽襄皆名疏大師至於海○正義曰此章記魯哀公時禮壞樂崩樂人皆去也大師摯適齊
者大師樂官之長名摯去魯而適齊也亞飯干適楚者亞次也天子諸侯每食奏樂樂章各異各有樂師次飯樂師名干
往楚三飯樂師名繚往蔡四飯樂師名缺往秦鼓方叔入於河者擊鼓者名方叔入於河內也播鼗武入於漢者播搖也
人如鼓而小有兩耳持其柄搖之旁耳還自擊播鼗鼓者名武入居於漢中也少師陽擊磬襄入於海者陽襄皆名二人

入居於海內也周公謂魯公孔曰魯公周公之子伯禽封於魯曰君子不
施其親孔曰施易也不以他人之親易己之親不使大臣怨乎不以
孔曰以用也怨不見聽用故舊無大故則不棄也無求備於
一人孔曰大故謂惡逆之事疏周公至故舊無大故則不棄也無求備於一人○正義曰此一章記
周公戒魯公之語也周公謂魯公者魯公周公之子伯禽封於魯將之國周公戒之也曰君子不施其親者施易也言
君子之爲國不以他人之親易己之親當行博愛廣敬也不使大臣怨乎不以者以用也既任爲大臣則當聽用之不得令
大臣怨不見聽用故舊無大故則不棄者大故謂惡逆之事也故舊朋友無此惡逆之士則不有遺棄也無求備於一人
者求責也任人當隨其才無得責備於一人也周有八士伯達伯适仲突仲
忽叔夜叔夏季隨季騧包曰周時四乳生八子皆爲顯士故記之爾
疏周有八士伯達伯适仲突仲忽叔夜叔夏季隨季騧○正義曰此章記異也周時有人四乳生八子而異之無乳

皆二子凡八子皆爲顯士故記之耳鄭玄以爲成王時劉向馬融皆以爲宣王時

論語註疏解經卷第十八

論語註疏解經卷第十九　何晏集解　邢昺疏

子張第十九

疏正義曰此篇記士行交情仁人勉學或接聞夫子之語或辨揚聖師之德以其皆弟子所言故善次諸篇之後

子張曰士見危致命孔曰致命不愛其身見得思義祭思敬喪思哀其可已矣疏子張曰士見危致命見得思義祭思敬喪思哀其可已矣○正義曰此章言士行也士者有德之稱自卿大夫已下皆是致命謂不愛其身子張言為士者見君有危難不愛其身致命以救之見得利祿思義然後取有祭事思盡其敬有喪事當盡其哀有此行者其可以為士已矣

子張曰執德不弘信道不篤焉能為有焉能為亡孔曰言無所輕重疏子張曰執德不弘信道不篤焉能為有焉能為亡○正義曰此章言人行之不備者弘大也篤厚也亡無也言人執守其德不能弘大雖信善道不能篤厚人之若此雖存於世何能為有而重雖沒於世何能為無而輕言於世無所輕重也

子夏之門人問交於子張孔曰問與人交接之道子張曰子夏云何對曰子夏曰可者與之其不可者拒之子張曰異乎吾所聞君子尊賢而容衆嘉善而矜不能我之大賢與於人何所不容我之不賢與人將拒我如之何其拒人也包曰友交當如子夏汎交當如子張疏子夏至人也○正義曰此章論與人結交之道子夏之門人問交於子張者門人謂弟子問與人交接之道於子張也子張曰子夏云何者子張反問子夏之門人汝師嘗說交之道云何乎對曰子夏曰可者與之其不可者拒之者子夏弟子對子張述子夏之言也言結交之道若彼人賢可與交者即與之交若彼人不賢不可與交者則拒之而不交子張曰異乎吾所聞者此言已之所聞結交之道與子夏所說異也君子尊賢而容衆嘉善而矜不能者此所聞之異者也言君子之人見彼賢則尊重之雖衆多亦容納之人有善行者則嘉美之不能者則哀矜之我之大賢與於人何

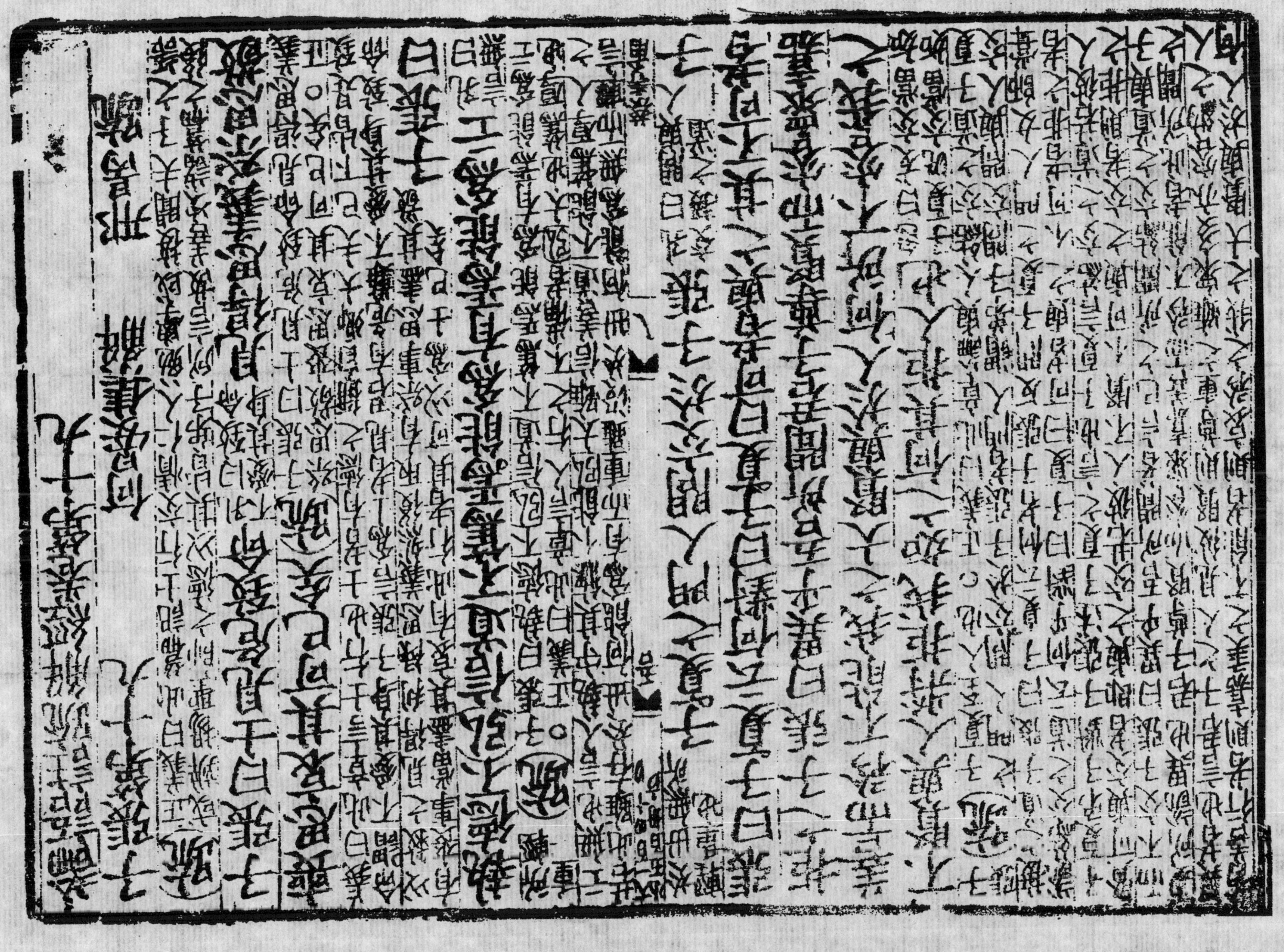

所不容我之不賢與人將拒我如之何其拒人也有所陳其所聞又論其不可拒人之事謂子夏所說可者與之不可者拒之設若我之大賢則所在見容也我若不賢則人將拒我不暇已交又何暇拒於人乎然二子所言各是其見論交之道不可相非交友當如子夏汎交當如子張

子夏曰雖小道必有可觀者焉小道謂異端致遠恐泥包曰泥難不通是以君子不為也疏子夏曰雖小道必有可觀者焉致遠恐泥是以君子不為也○正義曰此章勉人學為大道正典也小道謂異端之說百家語也雖曰小道亦必有小理可觀覽者焉然致遠經久則恐泥難不通是以君子不學也

子夏曰日知其所亡孔曰日知其所未聞月無忘其所能可謂好學也已矣疏子夏曰日知其所亡月無忘其所能可謂好學也已矣○正義曰此章勸學也亡無也舊所未聞者當學之使日知其所未聞舊已能者當溫尋之使月無忘也能如此者可以謂之好學

子夏曰博學而篤志孔曰廣學而厚識之切問而近思切問者切問於己所學未悟之事近思者思己所未能及之事汎問所未學遠思所未達則於所習者不精所思者不解仁在其中矣疏子夏曰博學而篤志切問而近思仁在其中矣○正義曰此章論好學近於仁也博廣也篤厚也志識也言廣學而厚識之使不忘切問者親切問於己所學未悟之事不汎濫問之也近思者近思己所未能及之事不遠思也若汎問所未學遠思所未達則於所習者不精所思者不解仁者之性純篤今學者既能篤志近思故曰仁在其中矣

子夏曰百工居肆以成其事君子學以致其道包曰言百工處其肆則事成猶君子學以致其道疏子夏曰百工居肆以成其事君子學以致其道○正義曰此章亦勉人學舉百工以為喻也審曲面勢以飭五材以辨民器謂之百工五材各有工言百族言之也肆謂官府造作之處也致至也言百工處其肆則能成其事猶君子勤於學則能至於道也

子夏曰小人之過也必文孔曰文飾其過不言情實疏子夏曰小人之過也必文○正義曰此章言小人不能改過也言小人之有過也必文飾其過強為辭理不言情實也

子夏曰君子有三變望之儼然

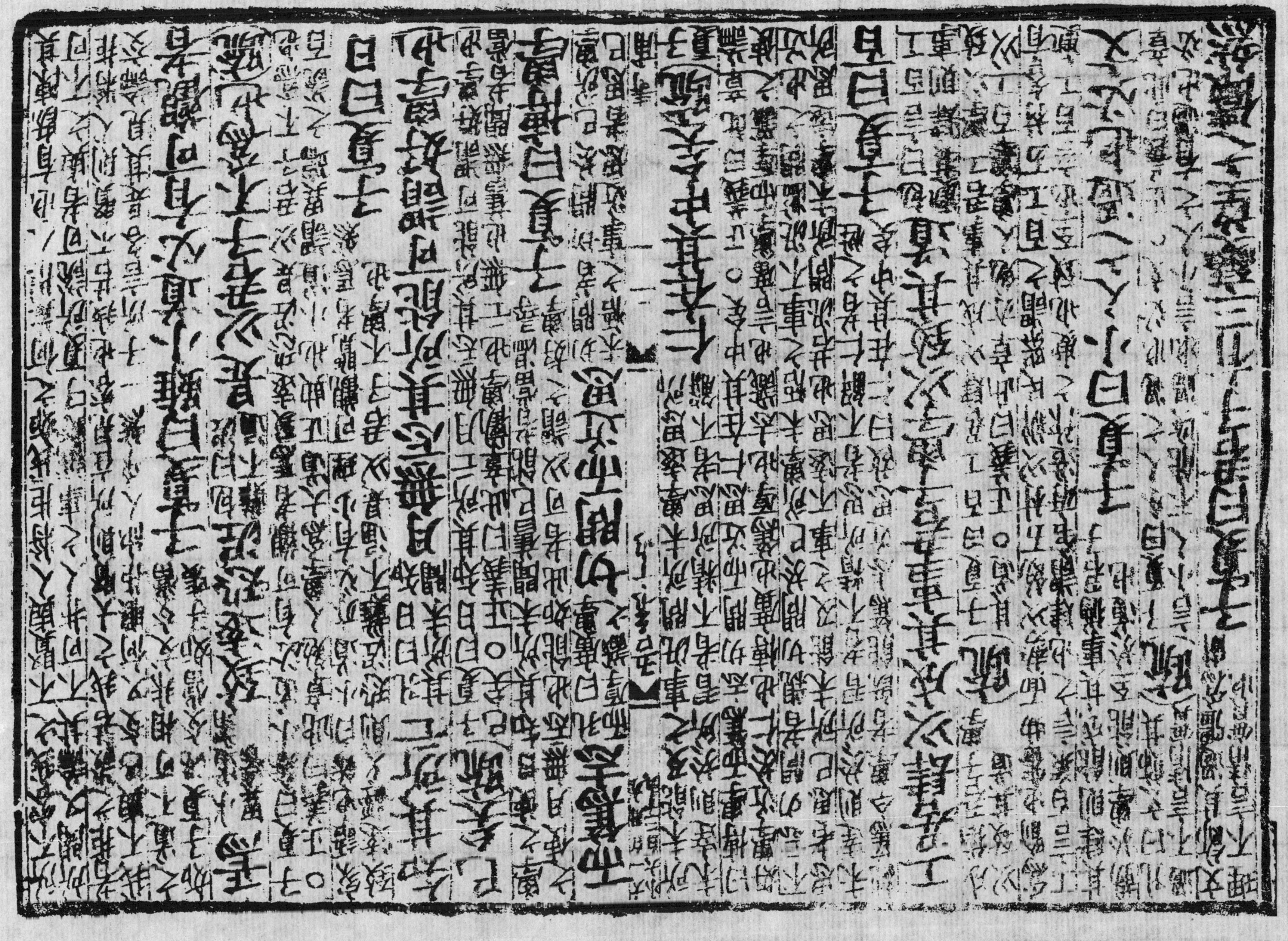

[illegible]

即之也溫，聽其言也厲。鄭曰：厲，嚴正。疏子夏曰君子有三變望之儼然即之也溫聽其言也厲。○正義曰：此章論君子之德也。望之、即之及聽其言也，有此三者變易常人之事也。厲，嚴正也。常人遠望之則多懈惰，即近之則顏色猛厲，聽其言則多佞邪。唯君子則不然：人遠望之則正其衣冠，尊其瞻視，常儼然也；就近之則顏色溫和；及聽其言辭，則嚴正而無佞邪也。

子夏曰：君子信而後勞其民，未信則以爲厲己也。王曰：厲猶病也。信而後諫，未信則以爲謗己也。疏子夏曰君子信而後勞其民未信則以爲厲己也信而後諫未信則以爲謗己也。○正義曰：此章論君子使下事上之法也。厲猶病也。言君子若在上位，當先示信於民，然後勞役其民，則民忘其苦也。若未嘗施信而便勞役之，則民以爲妨病於己也。若爲人臣，當先盡忠於君，待君信己而後可諫君之失。若君未信己而便稱君過失以諫諍之，則君以爲謗讟於己也。

子夏曰：大德不踰閑，孔曰：閑猶法也。小德出入可也。孔曰：小德不能不踰法，故曰出入可。疏子夏曰大德不踰閑小德出入可也。○正義曰：此章論人之德有小大，而行亦不同也。閑猶法也。大德之人，謂上賢也，所行皆不越法則也。小德之人，謂次賢之人，不能不踰法，有時踰法而出，旋能入守其法，不責其備，故曰可也。

子游曰：子夏之門人小子，當洒埽應對進退則可矣，抑末也。本之則無，如之何？包曰：言子夏弟子但當對賓客脩威儀禮節之事則可，然此但是人之末事耳，不可無其本，故云本之則無，如之何。子夏聞之曰：噫！孔曰：噫，心不平之聲。言游過矣！君子之道，孰先傳焉？孰後倦焉？包曰：言先傳業者必先厭倦，故我門人先教以小事，後將教以大道。譬諸草木，區以別矣。馬曰：言大道與小道殊異，譬如草木異類區別，言學當以次。君子之道，焉可誣也？馬曰：君子之道，焉可使誣言我門人但能洒埽而已。有始有卒者，其唯聖人乎！孔曰：終始如一，唯聖人耳。疏子游至人乎。○正義曰：此章論人學業有先後之法也。子游曰子夏之門人小子當洒埽應對

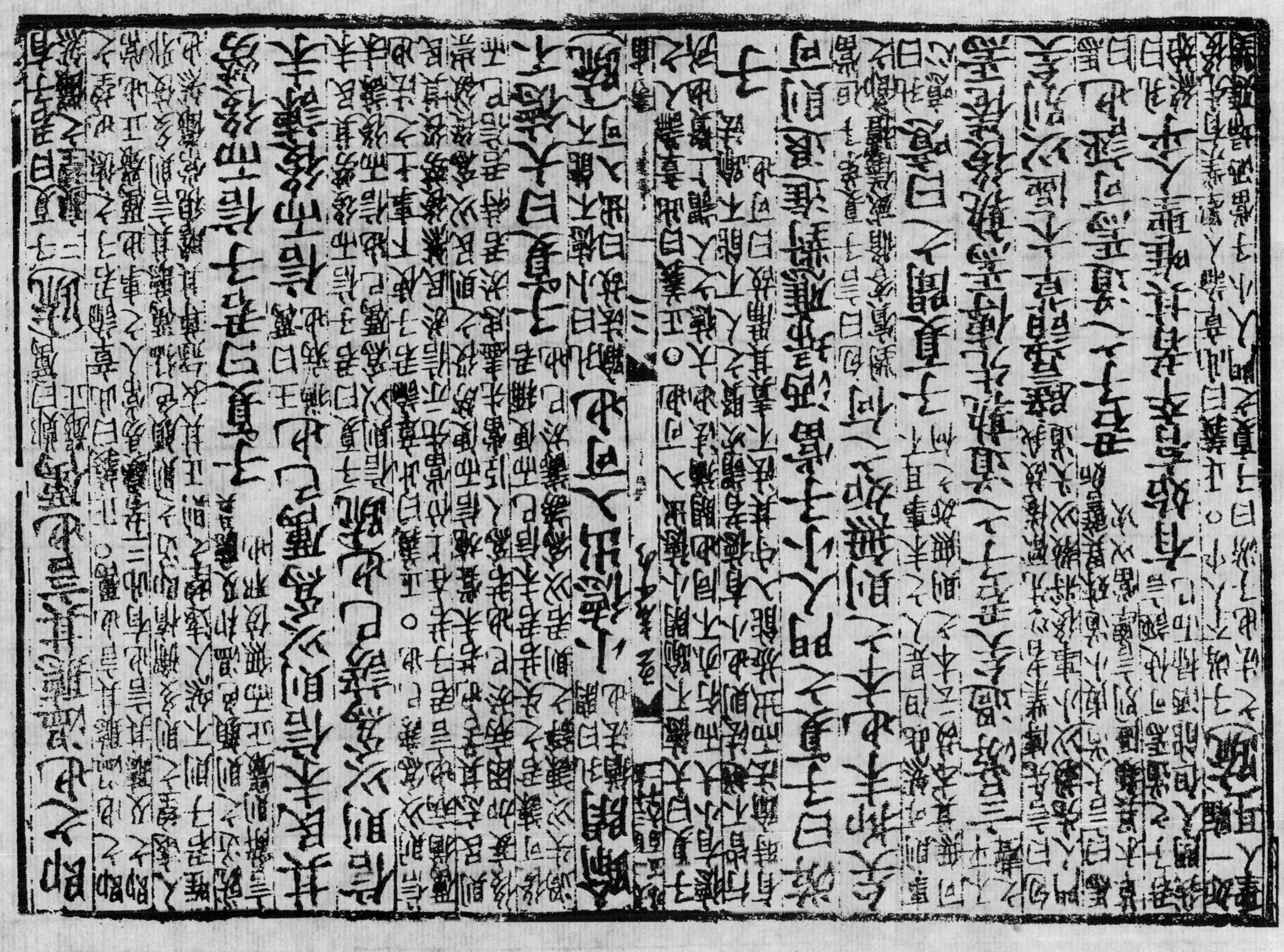

[illegible]

遲退則可矣抑末也本之則無如之何子游言子夏之門人小子謂弟子也當賓客應對進退之事則可矣然此但是人之末事耳不可無其本今子夏弟子於其本先王之道則無有不可奈何故云如之何也子夏聞之曰噫言游過矣者噫心不平之聲子夏既聞子游之言中心不平之故曰噫言游過矣者謂言偃所說爲過失也君子之道孰先傳焉孰後倦焉者言君子教人之道先傳業者必先厭倦誰有先傳而後倦者乎子夏言我之意恐門人聞大道而厭倦故先教以小事後將教以大道也譬諸草木區以別矣者諸之也言大道與小道殊異譬之草木異類區別言學當以次也君子之道焉可誣也者言君子之道當知學業以次安可便誣罔言我門人但能洒掃而已有始有卒者其唯聖人乎者卒猶終也言人之學道或不有初鮮克有終能終始如一不厭倦者其唯聖人耳

子夏曰仕而優則學學而優則仕 馬曰行有餘力則以學文

疏 子夏曰仕而優則學學而優則仕○正義曰此章勸學也言人之仕官行己職而優閒有餘力則以學先王之遺文也若學而德業優長者則當仕進以行君臣之義也

子游曰喪致乎哀而止 孔曰毀不滅性

疏 子游曰喪致乎哀而止○正義曰此章言居喪之禮也言人有父母之喪當致極哀戚不得過毀以至滅性滅性則非孝○注毀不滅性○正義曰此孝經文也注云不食三日哀毀過情滅性而死皆虧孝道故聖人制禮施教不令至於隕滅

子游曰吾友張也爲難能也 包曰言子張容儀之難能

然而未仁 疏 子游曰吾友張也爲難能也然而未仁○正義曰此章論子張材德也子游言吾同志之友子張其容儀爲難能及也然而貴德未仁

曾子曰堂堂乎張也難與並爲仁矣 鄭曰言子張容儀盛而於仁道薄也

疏 曾子曰堂堂乎張也難與並爲仁矣○正義曰此章亦論子張材德也堂堂容儀盛貌曾子言子張容儀盛於仁道則薄故難與並爲仁矣

曾子曰吾聞諸夫子人未有自致者也必也親喪乎 馬曰言人雖未能自致盡於他事至於親喪必自致盡

疏 曾子曰吾聞諸夫子人未有自致者也必也親喪乎○正義曰此章論人致誠之事也諸之也曾子言我聞之夫子言人雖未能自致盡其誠於他事至於親喪必自致

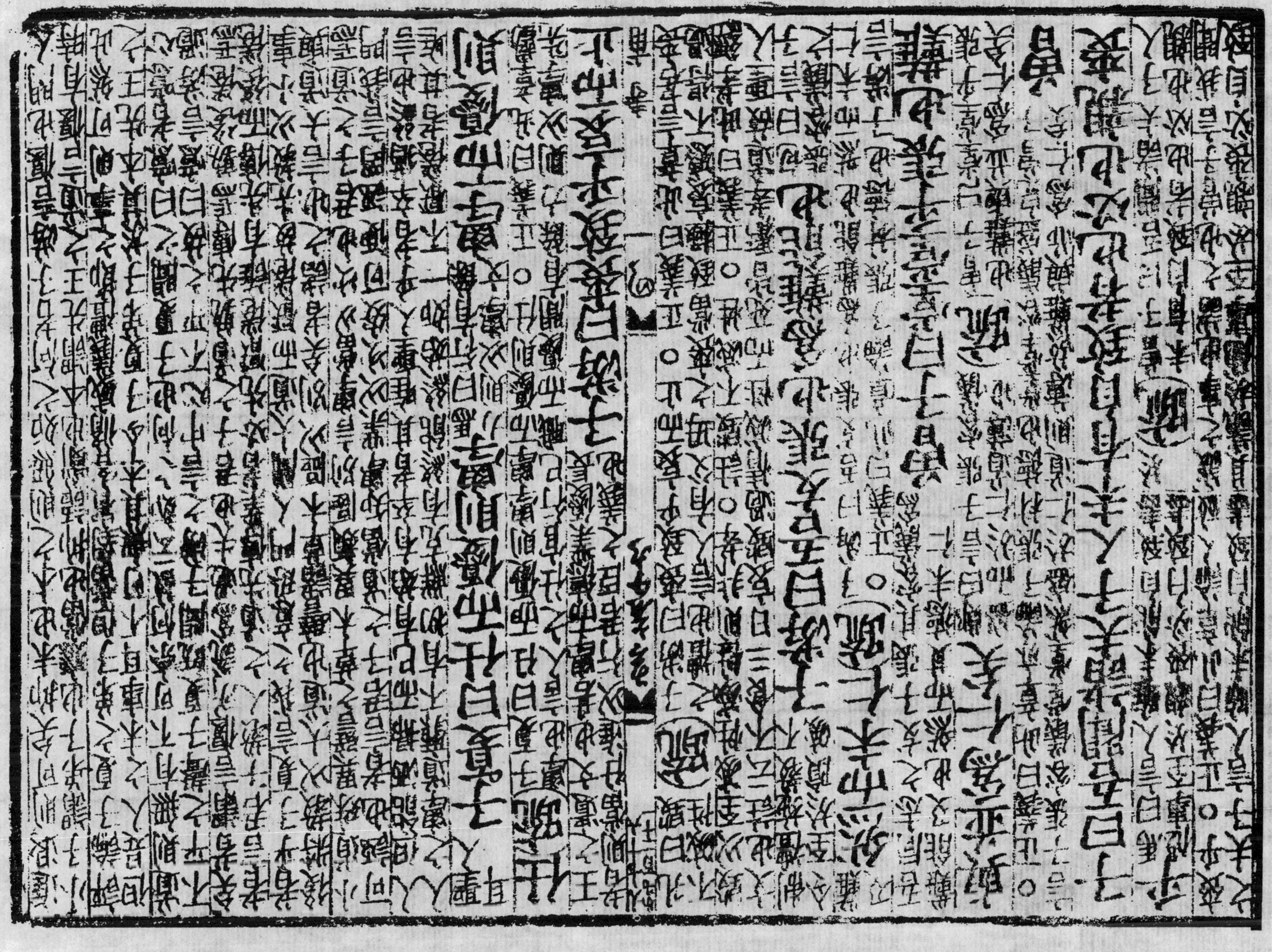

盡也

曾子曰吾聞諸夫子孟莊子之孝也其他可能也其不改父之臣與父之政是難能也 馬曰孟莊子魯大夫仲孫速也謂在諒陰之中父臣及父政雖有不善者不忍改也 【疏】曾子曰吾聞諸夫子孟莊子之孝也其他可能也其不改父之臣與父之政是難能也○正義曰此章論魯大夫仲孫速之孝行也言其他哭泣之哀齊斬之情饘粥之食他人可能及之也其在諒陰之中父臣及父政雖有不善者不忍改之也是他人難能也

孟氏使陽膚爲士師 包曰陽膚曾子弟子士師典獄之官 問於曾子曾子曰上失其道民散久矣如得其情則哀矜而勿喜 馬曰民之離散爲輕漂犯法乃上之所爲非民之過當哀矜之勿自喜能得其情 【疏】孟氏至勿喜○正義曰此章論典獄之法也孟氏使陽膚爲士師者陽膚曾子弟子士師典獄之官問於曾子者問其師求典獄之法也曾子曰上失其道民散久矣如得其情則哀矜而勿喜者言上失爲君之道民人離散爲輕易漂掠犯於刑法亦已久矣乃上之所爲非民之過女若求得其情當哀矜之勿自喜也

論語疏十九　五

子貢曰紂之不善不如是之甚也是以君子惡居下流天下之惡皆歸焉 孔曰紂爲不善以喪天下後世憎甚之皆以天下之惡歸之於紂 【疏】子貢曰紂之不善不如是之甚也是以君子惡居下流天下之惡皆歸焉○正義曰此章戒人爲惡也紂名辛字受德商末世之王也爲周武王所殺諡法殘義損善曰紂言商紂雖爲不善以喪天下亦不如此之甚也乃後人憎甚之耳下流者謂爲惡行而處人下若地形卑下則衆流所歸人之爲惡處下衆惡所歸是以君子常爲善不爲惡惡居下流故也紂爲惡行居下流則人皆以天下之惡歸之於紂也

子貢曰君子之過也如日月之食焉過也人皆見之更也人皆仰之 孔曰更改也 【疏】子貢曰君子之過也如日月之食焉過也人皆見之更也人皆仰之○正義曰此章論君子之過也以日月之食也言君子苟有過也則爲衆所知如日月之食時則萬物皆覩也及其改過之時則人皆復仰其德如日月明生之後則萬物亦皆仰

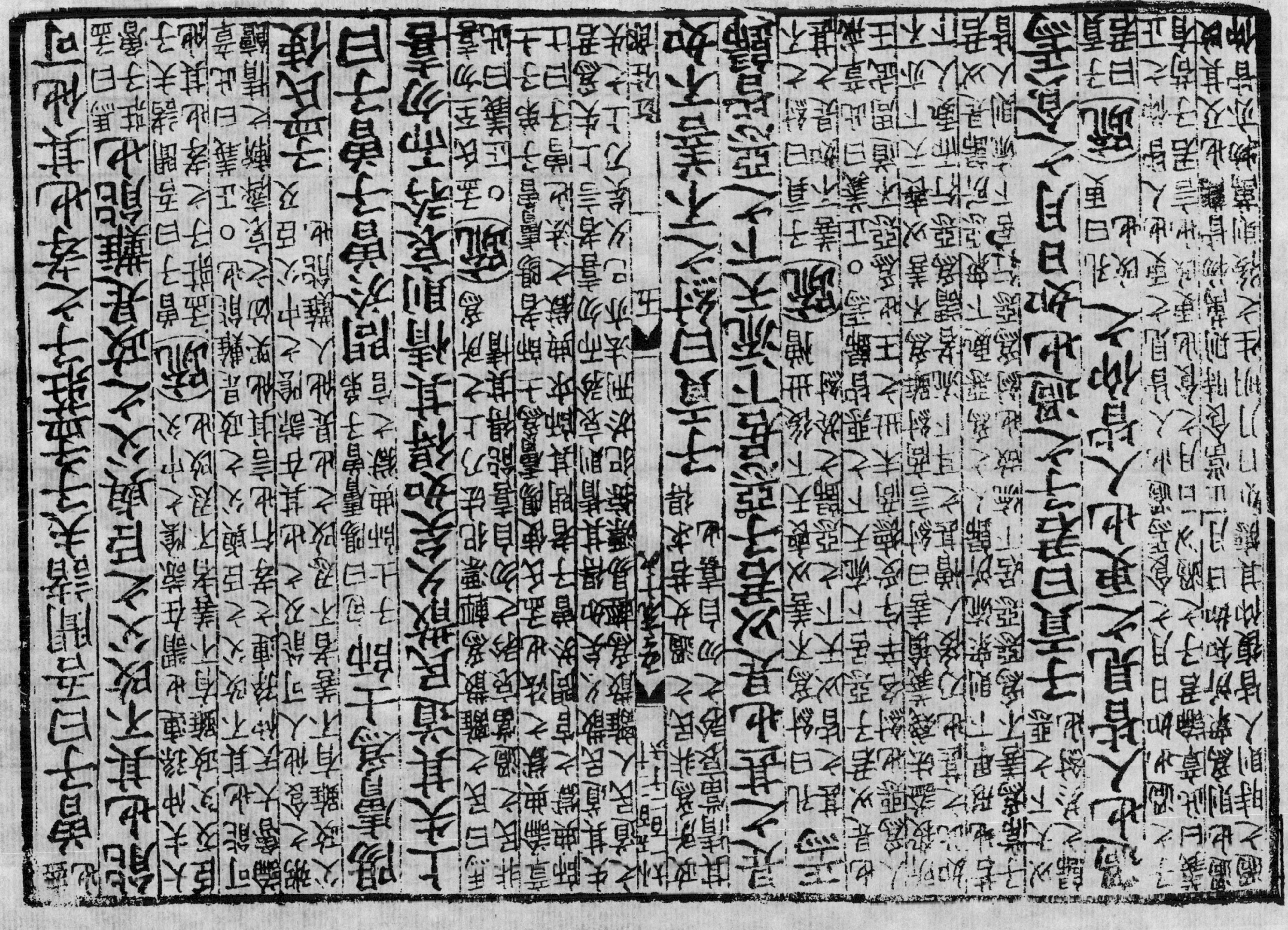

曾子曰吾聞諸夫子人未有自致者也必也親喪乎

[illegible]

曾子曰吾聞諸夫子孟莊子之孝也其他可能也其不改父之臣與父之政是難能也

[illegible]

孟氏使陽膚爲士問於曾子曾子曰上失其道民散久矣如得其情則哀矜而勿喜

[illegible]

子貢曰紂之不善不如是之甚也是以君子惡居下流天下之惡皆歸焉

[illegible]

子貢曰君子之過也如日月之食焉過也人皆見之更也人皆仰之

[illegible]

其明

衛公孫朝馬曰公孫朝衛大夫問於子貢曰仲尼焉學子貢曰文武之道未墜於地在人賢者識其大者不賢者識其小者莫不有文武之道焉夫子焉不學孔曰文武之道未墜落於地賢與不賢各有所識夫子無所不從學而亦何常師之有孔曰無所不從學故無常師

【疏】衛公至之有○正義曰此章論仲尼之德也衛公孫朝者衛大夫也問於子貢曰仲尼焉學者問孔子何所從學而得成此聖也意謂孔子生知無所從學也子貢曰文武之道未墜於地也在人賢者識其大者不賢者識其小者莫不有文武之道焉夫子焉不學者焉猶安也言文武之道未墜落於地行之在人賢與不賢各有所識夫子皆從而學安得不學乎而亦何常師之有者言夫子無所不從學故無常師

孫武叔語大夫於朝馬曰魯大夫叔孫州仇武諡曰子貢賢於仲尼子服景伯以告子貢子貢曰譬之宮牆賜之牆也及肩闚見室家之好夫子之牆數仞不得其門而入不見宗廟之美百官之富得其門者或寡矣包曰七尺曰仞夫子之云不亦宜乎包曰夫子謂武叔

【疏】叔孫至宜乎○正義曰此章亦明仲尼之德也叔孫武叔語大夫於朝曰子貢賢於仲尼者叔孫武叔魯大夫有時告語諸大夫於朝中曰子貢賢才過於仲尼子服景伯以告子貢者景伯亦魯大夫子服何也以武叔之言告之子貢也子貢曰譬之宮牆賜之牆也及肩闚見室家之好夫子之牆數仞不得其門而入不見宗廟之美百官之富者子貢聞武叔之言已賢於仲尼此由君子之道不可小知故致武叔有此言乃爲之譬喻以人居之宮四圍各有牆牆卑則可闚見其在內之美猶小人之道可以小知也牆高則不可闚見在內之美猶君子之道不可小知也今賜之牆也纔及人肩則人闚見牆內室家之美夫子之牆高乃數仞七尺曰仞若人不得其門而入則不見宗廟之美備百官之富盛也得其門者或寡矣者言夫聖人非凡可及故得其門而入者或少矣夫子之云不亦宜乎者夫子謂武叔以此論之

卿武叔云子貢賢於仲尼亦其宜也不足怪焉〇註馬曰魯
大夫叔孫州仇武諡〇正義曰案此本用仇公子叔此六世
孫叔孫不敢子也春秋定十年秋叔孫州仇仲孫何忌帥師
圍郈左傳曰武叔懿子圍郈是知叔孫武叔即州仇也諡法
云剛強直理曰武

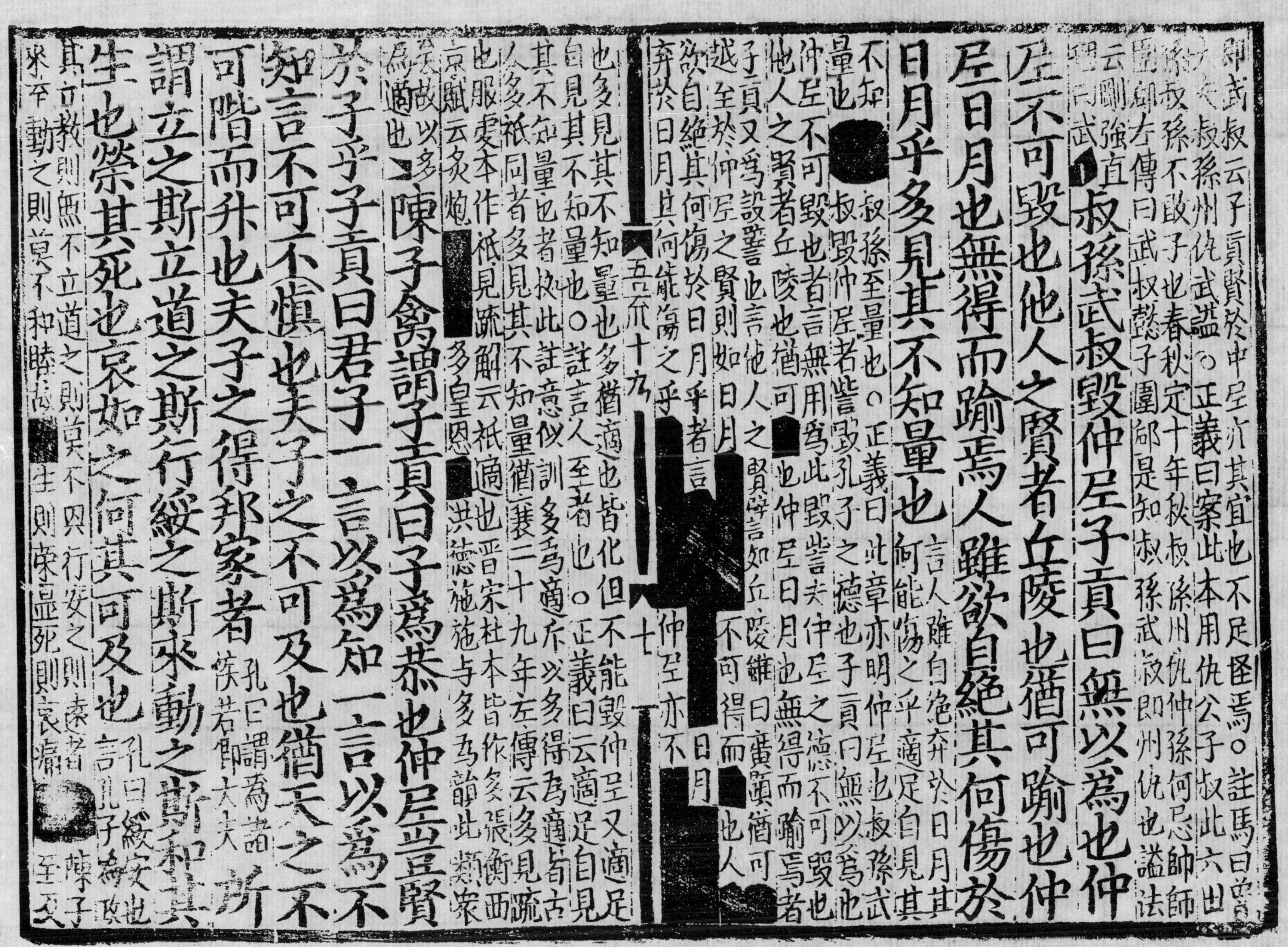

叔孫武叔毀仲尼子貢曰無以為也仲
尼不可毀也他人之賢者丘陵也猶可踰也仲
尼日月也無得而踰焉人雖欲自絕其何傷於
日月乎多見其不知量也 言人雖自絕弃於日月其何能傷之乎適足自見其
不知量也

叔孫至量也〇正義曰此章亦明仲尼也叔孫武
仲尼不可毀也者言無用為此毀訾夫仲尼之德不可毀也
他人之賢者丘陵也猶可[illegible]也仲尼日月也無得而踰焉者
子貢又為設譬也言他人之賢譬如丘陵雖曰高顯猶可
越至於仲尼之賢則如日月不可得而[illegible]也人
欲自絕其何傷於日月乎者言[illegible]日月
弃於日月其何能傷之乎[illegible]仲尼亦不
也多見其不知量也多猶適也皆化但不能毀仲尼又適足
自見其不知量也〇註言人至者也〇正義曰云適足自見
其不知量也者按此註意似訓多為適斥以多得為適旨古
人多衹同者多見其不知量猶襄二十九年左傳云多見疏
也服虔本作衹見疏解云衹適也晉宋杜本皆作多張衡西
京賦云炙炮[illegible]多皇恩[illegible]洪德施施与多為韻此類衆
是故以多為適也

陳子禽謂子貢曰子為恭也仲尼豈賢
於子乎子貢曰君子一言以為知一言以為不
知言不可不慎也夫子之不可及也猶天之不
可階而升也夫子之得邦家者 孔曰謂為諸侯若卿大夫 所
謂立之斯立道之斯行綏之斯來動之斯和其
生也榮其死也哀如之何其可及也 孔曰綏安也言孔子為政
其立教則無不立道之則莫不興行安之則遠者[illegible]陳子
來至動之則莫不和睦故[illegible]生則榮顯死則哀痛[illegible]至及

也○正義曰此章亦明仲尼之德也東子禽謂子貢曰子爲恭也仲尼豈賢於子乎者此子禽亦作東元當是司其姓字可見其子貢每事稱譽其師故謂子貢云當是子爲恭孫故也其實仲尼才德豈賢於子乎子貢曰君子一言以爲知一言以爲不知言不可不慎也者子貢謂子禽之言以此言拒而非之也言君子出一言是則人以爲有知出一言非則人以爲不知知與不知既由一言則其言不可不慎也今乃云仲尼豈賢於子乎則是女不慎其言豈爲不知也夫子之不可及也如天之不可階而升也者又爲設譬言夫子之德不可及也他人之賢猶他物之高者可設階梯而升上之至於仲尼之德猶天之高不可以階梯而升上之夫子之得邦家者所謂立之斯立道之斯行綏之斯來動之斯和其生也榮其死也哀如之何其可及也者又爲廣言仲尼爲政之德也得邦謂爲諸侯得家謂爲卿大夫綏安也言孔子爲政其立教則無不立道之則莫不興行安之則遠者來至動之則莫不和睦故能生則榮顯死則哀痛故如之何其可及也

論語註疏解經卷第二十

堯曰第二十　何晏集解　邢昺疏

疏 正義曰此篇記二帝三王及孔子之語明天命政化之美皆是聖人之道可以垂訓將來故殿諸篇非所次也

堯曰咨爾舜天之曆數在爾躬 曆數謂列次也 允執其中四海困窮天祿永終 包曰允信也困極也永長也言為政信執其中則能窮極四海天祿所以長終 舜亦以命禹 孔曰舜亦以堯命己之辭命禹 曰予小子履敢用玄牡敢昭告于皇皇后帝 孔曰履殷湯名此伐桀告天之文殷家尚白未變夏禮故用玄牡皇大后君也大大君帝謂天帝也墨子引湯誓其辭若此 有罪不敢赦 包曰順天奉法有罪者不敢擅赦 帝臣不蔽簡在帝心 言桀居帝臣之位罪過不可隱蔽以其簡在天心故 朕躬有罪無以萬方萬方有罪罪在朕躬 孔曰無以萬方萬方不與也萬方有罪我身之過 周有大賚善人是富 周周家賚賜也言周家受天大賜富於善人有亂臣十人是也 雖有周親不如仁人 孔曰親而不賢不忠則誅之管蔡是也仁人謂箕子微子來則用之 百姓有過在予一人 謹權量審法度修廢官四方之政行焉 包曰權秤也量斗斛 興滅國繼絕世舉逸民天下之民歸心焉 所重民食喪祭 孔曰重民國之本也重食民之命也重喪所以盡哀重祭所以致敬 寬則得眾信則民任焉敏則有功公則說 孔曰言政教公平則民說矣凡此二帝三王所以治也故傳以示後世

疏 堯曰至則說 ○正義曰此章明二帝三王[illegible]凡有五節初自堯曰至天祿永終記堯命舜之辭也二[illegible]一句舜亦以堯命己之辭命禹也三自曰予小子[illegible]在朕躬記湯伐桀告天之辭也四自周有大賚至在予一人言周家受天命及伐紂告天之辭也五自謹權量至[illegible]二帝三王政化之法也

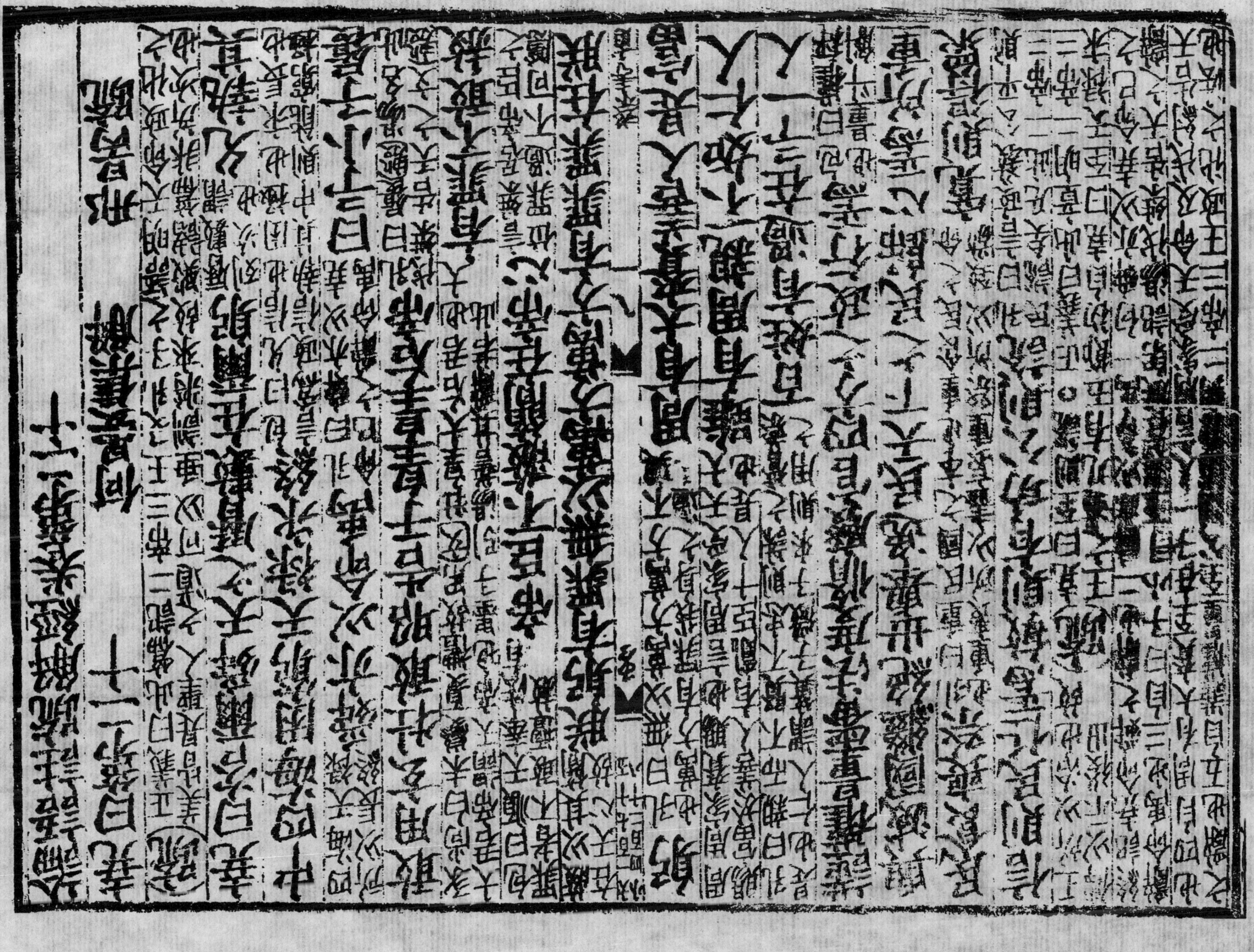

洪範　周書

[illegible]

堯曰咨爾舜天之曆數在爾躬者此下是堯命舜以天命之
辭也咨咨嗟也爾女也曆數謂列次也堯姓伊祁名放勳舜
姓姚名重華謚法云翼善傳聖曰堯仁義盛明曰舜堯子丹
朱不肖不堪嗣位虞舜側微堯聞之聰明將使嗣位故先咨
嗟歎而命之欲使重其事言天位之列次當在女身故我今
命授於女也允執其中四海困窮天祿永終者此堯戒舜以
爲君之法也允信也困極也永長也言爲政信執其中則能
窮極四海天之祿籍所以長終汝身舜亦以命禹者舜有子
商均亦不肖禹有治水大功故舜禪位與禹故亦以堯命己
之辭命禹也曰予小子履敢用玄牡敢昭告于皇皇后帝者
此下湯伐桀告天辭也禹受舜禪傳位子孫至桀無道湯有
聖德應天順人舉干戈而伐之遂放桀於南巢自立爲天子
而以此辭告天也履殷湯名稱小子謙也玄牡黑牡也殷尚
白而用黑牲者未變夏禮故也昭明也皇大也后君也大大
君帝謂天帝也謂殺牲明告天帝以伐桀之意有罪不敢赦
者言已順天奉法有罪者不敢擅赦也帝臣不蔽簡在帝
心者帝天也帝臣謂桀也桀是天子天子事天猶臣事君故
謂桀爲帝臣也言桀居帝臣之位罪過不可隱蔽以其簡閱
在天心故也朕躬有罪無以萬方萬方有罪罪在朕躬者言
我身有罪無用汝萬方萬方不與也萬方有罪過在我身自

責化不至也周有大賚善人是富者周周家也文王武王居
岐周而王天下故曰周周家受天大賜富於善人
有亂臣十人是也雖有周親不如仁人百姓有過在予一人
者此武王誅紂誓衆之辭湯亦傳位子孫至末孫帝紂無道
周武王伐而滅之而以此辭誓衆言雖有周親不賢不忠則
誅之若管蔡是也不如有仁德之人賢而且忠若箕子微子
來則用之也百姓謂天下衆民也言君若不教百姓使有罪過
當在我一人之化不至也謹權量審法度修廢官四方之政
行焉者此下總言二帝三王所行政法也權秤也量斗斛也
謹飭之使鈞平法度謂車服旌旗之禮儀也審察之使貴賤
有別無僭偪也官有廢闕復脩治之使無曠也如此則四方
之政化興行焉興滅國繼絕世舉逸民天下之民歸心焉者
諸侯之國爲人非理滅之者復興立之賢者當世祀爲人非
理絕之者則求其子孫使復繼之節行超逸之民隱居未仕
者則舉用之政化若此則天下之民歸心焉而不離析也所
重民食喪祭者言帝王所重有此四事重民國之本也重食
民之命也重喪所以盡哀重祭所以致敬寬則得衆信則民
任焉敏則有功公則說者又言帝王之德務在寬簡不信飭
己公平也寬則人所歸附故得衆信則民聽不惑皆爲己任
焉敏則事無不成故有功政教公平則民說凡此上事二

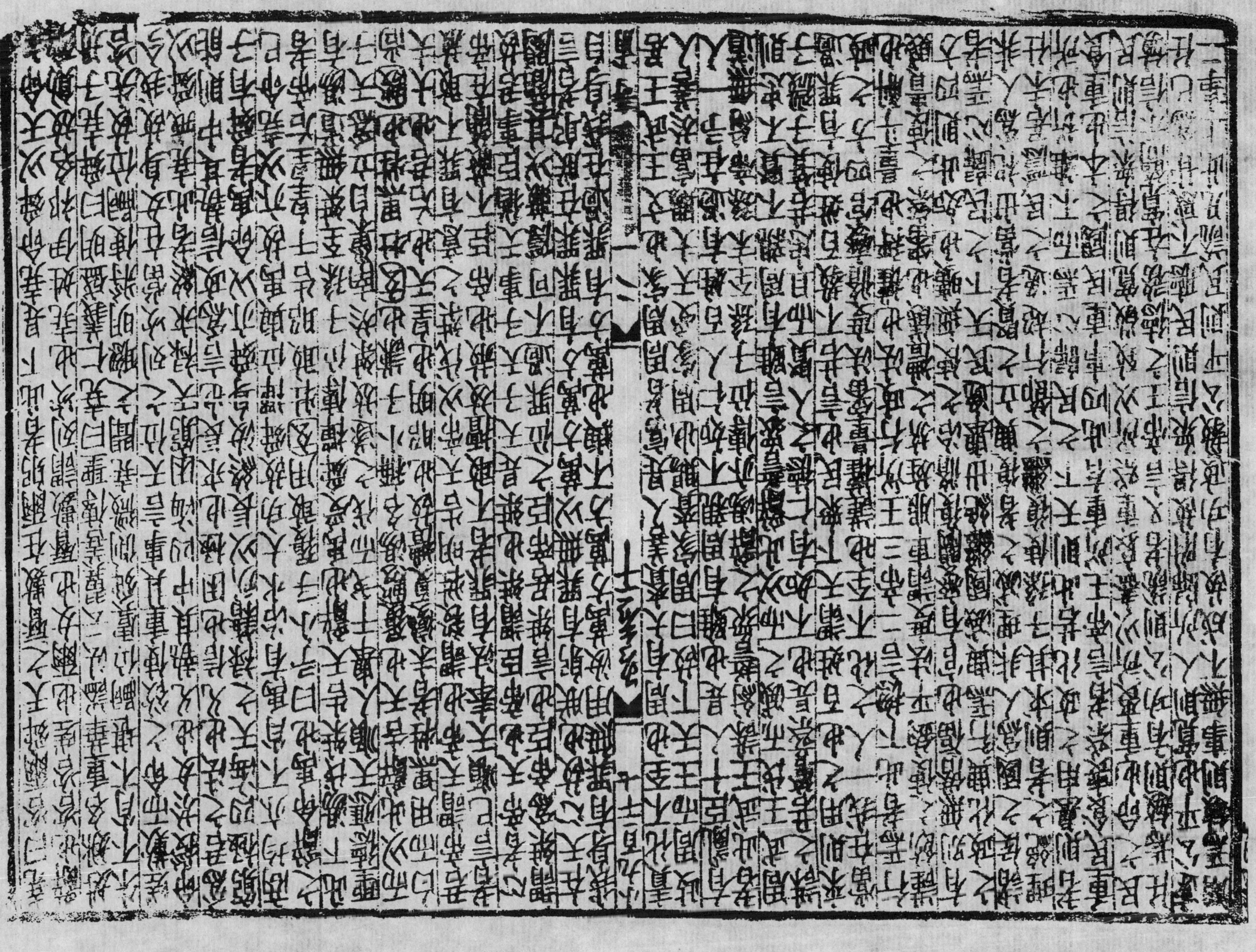

帝三王所以治也故傳之以示後世此章有二帝三王之事
錄者採合以成章檢大禹謨湯誥與泰誓武成則此章其文
略矣。註曆數謂列次也。正義曰孔註尚書云謂天道謂
天曆運之數帝王易姓而興故言曆數謂天道鄭玄以曆數
在汝身謂有圖錄之名何云列次義得兩通。註孔曰至君
此正義曰云履殷湯名者案世本湯名天乙者安國意蓋以
湯受命之王依殷法以乙日生名天乙至將爲王改名履故
二名也亦可安國不信世本無天乙之名皇甫謐巧欲傅會
云以乙日生故名履字天乙又云祖乙亦云乙日生復名乙
引易緯孔子所謂天之錫命故可同名既以天乙爲字何云
同名乎斯文妄矣云墨子引湯誓其辭若此者以其尚書湯
誓無此文而湯誥有之又與此小異唯墨子引湯誓其辭與
此正同故言之所以證此爲伐桀告天之文也。註以其簡
在天心故。正義曰鄭玄云簡閱在天心言天簡閱其善惡
也。註孔子至周之。正義曰云親而不賢不忠則誅之管
蔡是也者金縢云武王既喪管叔及其群弟乃流言於國曰
公將不利於孺子周公乃致辟管叔于商因蔡叔于郭鄰所
謂殺管叔而殺蔡叔也云仁人謂箕子微子來則用之者箕
子紂之諸父書洪範序云以箕子歸作洪範宋世家云微子
開者殷帝乙之首子而帝紂之庶兄周武王克殷微子乃持

其祭器造於軍門肉袒面縛左牽羊右把茅膝行而前以告
於是武王乃釋微子復其位成王誅武庚乃命微子代殷之
後於宋是言雖有管叔蔡叔爲周親不如箕子微子之仁人
也案周書泰誓云雖有周親不如仁人是武王往伐紂次于
河朔誓衆之辭也孔傳云周至也言紂至親雖多不如周家
之少仁人此文與彼正同而孔註與此異者蓋孔意以彼爲
伐紂誓衆之辭此汎言周家政治之法欲兩通其義故不同
也。註權秤也量斗斛。正義曰漢書律曆志云權者銖兩
斤鈞石也所以稱物平施知輕重也本起於黃鍾之重一龠
容千二百黍重十二銖兩之爲兩二十四銖爲兩十六兩爲
斤三十斤爲鈞四鈞爲石五權謹矣量者龠合升斗斛也所
以量多少也本起於黃鍾之龠用度數審其容以子穀秬黍
中者千有二百實其龠合龠爲合十合爲升十升爲斗十斗
爲斛而五量加矣志又云度者分寸尺丈引也所以度長短
也本起黃鍾之長以子穀秬黍中者一黍之廣爲一分十分
爲寸十寸爲尺十尺爲丈十丈爲引而五度審矣而此不言
度者從可知也**子張問於孔子曰何如斯可以從政矣子**
曰尊五美屏四惡斯可以從政矣孔曰屏除也**子張**

曰何謂五美子曰君子惠而不費勞而不怨欲
而不貪泰而不驕威而不猛子張曰何謂惠而
不費子曰因民之所利而利之斯不亦惠而不
費乎王曰利民在政無費於財擇可勞而勞之又誰怨欲仁而
得仁又焉貪君子無衆寡無小大無敢慢孔曰言君
子不以寡小而慢也斯不亦泰而不驕乎君子正其衣冠尊
其瞻視儼然人望而畏之斯不亦威而不猛乎
子張曰何謂四惡子曰不敎而殺謂之虐不戒
視成謂之暴馬曰不宿戒而責目前成爲視成慢令致期謂之賊
孔曰與民無信而虛刻期猶之與人也出納之吝謂之有司孔曰
謂財物俱當與人而吝嗇於出納惜難之此有司之任耳非人君之道【疏】子張至有司○正義曰此章論爲政
之理也子張問於孔子曰何如斯可以從政矣子曰尊五美
屏四惡斯可以從政矣者屏除也子張問其政術孔子荅曰
當尊崇五種美事屏除四種惡事則可也子張曰何謂五美
者未知其目故復問之子曰君子惠而不費勞而不怨欲而
不貪泰而不驕威而不猛者此孔子爲述五美之目也子張
曰何謂惠而不費者子張雖聞其目猶未達其理故復問之
子曰因民之所利而利之斯不亦惠而不費乎者此孔子爲
說其惠而不費之一美也民居五土所利不同山者利其禽
獸渚者利其魚鹽中原利其五穀人君因其所利使各居其
所安不易其利則是惠愛利民在政且不費於財也擇可勞
而勞之又誰怨者孔子知子張未能盡達故旣荅惠而不費
不須其問即爲陳其餘者此說勞而不怨者也擇可勞而勞
之謂使民以時則又誰怨恨哉欲仁而得仁又焉貪者此說欲
而不貪也言常人之欲失在貪財我則欲仁而仁斯至矣又
安得爲貪乎君子無衆寡無小大無敢慢斯不亦泰而不驕
乎者此說泰而不驕也常人之情敬衆大而慢寡小君子則
不以寡小而慢之也此不亦是君子安泰而不驕慢乎君子
正其衣冠尊其瞻視儼然人望而畏之斯不亦威而不猛乎

者此說威而不猛也言君子常正其衣冠尊重其瞻視端居儼然人則望而畏之斯不亦雖有威嚴而不猛厲者乎子張曰何謂四惡者子張未聞四惡之義故復問之子曰不教而殺謂之虐者此下孔子歷答四惡也為政之法當先施教令於民猶復寧申勅之教令既治而民不從後乃誅也若未嘗教告而即殺之謂之殘虐不戒視成謂之暴者謂不宿戒而責目前成謂之卒暴慢令致期謂之賊者謂與民無信而虛刻期期不至則罪罰之謂之賊害猶之與人也出納之吝謂之有司者謂財物俱當與人而人君吝嗇於出納而惜難之此有司之任耳非人君之道

孔子曰不知命無以為君子也孔曰命謂窮達之分不知禮無以立也不知言無以知人也馬曰聽言則別其是非也

【疏】孔子曰不知命無以為君子也不知禮無以立也不知言無以知人也○正義曰此章言君子立身知人也命謂窮達之分言天之賦命窮達有時當待時而動若不知天命而妄動則非君子也禮者恭儉莊敬以身之本若其不知則無以立也聽人之言當別其是非若不能別其是非則無以知人之善惡也

論語註疏解經卷第二十終

圖書在版編目（CIP）數據

論語注疏 /（三國）何晏注；（宋）邢昺疏. --上海：上海古籍出版社, 2017.6

（古本十三經注疏）

ISBN 978-7-5325-8468-0

Ⅰ. ①論… Ⅱ. ①何… ②邢… Ⅲ. ①儒家②《論語》—注釋 Ⅳ. ①B222.22

中國版本圖書館CIP資料核字（2017）第104318號

ISBN 978-7-5325-8468-0

論語注疏

［三國］何　晏 注

［宋］邢　昺 疏

責任編輯　顏敏翔

技術編輯　隗婷婷

上海世紀出版股份有限公司
上海古籍出版社　出版發行

上海市瑞金二路二七二號　郵政編碼　二〇〇〇二〇

網址　www.guji.com.cn

E-mail　guji1@guji.com.cn

易文網網址　www.ewen.co

印製　杭州名典古籍印務有限公司

開本　六五〇乘一五六〇　八開

印張　五十八又二分之一

版次　二〇一七年六月第一版
　　　二〇一七年六月第一次印刷

ISBN 978-7-5325-8468-0 / B.1010

定價　壹仟肆佰捌拾圓